공기업 · 공공기관 · 대기업 자기소개서 작성, 면접 요령

블라인드 채용 대비 취업전략

김연욱 지음

마루기획

블라인드 채용 전체 프로세스

준비단계

- 관심 직무 탐색
  - 직업심리검사
  - 진로적성검사
  - 희망기업 관련 사이트

- 지원 분야 사전 준비
  - 지원 희망 기업 직무설명서 참조
  - 교육 · 자격 · 경력 · 경험 등 준비

채용단계

- 채용공고문
  - 구체 직무 파악
  - KSA 분석
    - Knowledge(지식), Skill(기술), Attitude(태도)

- 서류전형
  - 입사지원서
  - 경험 · 경력 중심 자기소개서
  - 직무기술서

- 필기전형
  - 직업기초능력 필기
  - 직무수행능력 필기
  ※ 능력중심채용 사이트에 공개된 직업기초능력 샘플 문항 등 참조

- 면접전형
  - 경험면접
  - 상황면접
  - 발표면접
  - 토론면접

취업 종합 Note

   먼저 단순한 스펙보다는 실제 업무를 수행할 때 필요한 지식과 직무에 대한 이해가 필요합니다. 이후 내가 하고 싶은 일과 잘할 수 있는 일에 대해 생각해 봅니다. 지금까지 해왔던 아르바이트와 대외활동, 대학 때 들었던 수업까지, 최근 생활에 대해 쭉 정리를 해보세요. 지식, 기술, 태도 등을 중심으로 평상시에 메모하는 습관을 들여야 합니다.

1. 교육

- 학교 교육(전공 및 교양 과목)

- 학교 이외 교육

- 온라인 교육

- 오프라인 교육

- 어학연수

2. 자격

- 국가기술자격

- 개별법에 의한 전문자격

- 국가공인 민간자격

- 기타 자격

3. 직무 관련 경험(돈을 받지 않은 활동)

- 동아리 활동

- 봉사활동

- 팀 프로젝트

- 수업관련 과제 수행 활동(개인·팀)

- 온라인 커뮤니티 활동

- 취미활동

- 여행

- 독서

- 관심 활동

- SNS

4. 직무 관련 경력(돈을 받은 활동)

- 아르바이트

- 인턴

- 팀 프로젝트

5. 기타

- 학교생활의 원칙

- 리더십

- 자기관리

- 건강관리

- 시간관리

차 례

취업준비생 여러분 힘드시죠?
조금만 참으세요.
그러면 반드시 좋은 날이 옵니다.

문재인 정부가 공공기관 일자리를 81만 개 만들겠다고 약속했습니다. 물론 이 공공기관 일자리가 청년 취업자만을 뽑겠다는 것은 아닙니다. 현장 민생 공무원 17만 4,000 개(국가직 10만 개, 지방직 7만4,000 개), 사회 서비스 분야 34만 개, 비정규직 직원의 정규직 전환 30만 개 등 총 81만 개를 창출할 계획입니다. 순수하게 채용하는 공무원이 81만 명이 아니라는 의미죠. 그렇다 하더라도 취업문이 많이 넓어졌다고 할 수 있습니다.

정부는 공공기관을 비롯 지방공공기관, 민간기업까지도 블라인드 채용을 시행하겠다고 밝혔습니다. 블라인드 채용이 갈수록 확산될 것으로 예상됩니다. 블라인드 채용 제도 도입으로 고질적인 대학 서열화 때문에 서러움을 받아온 지방대 출신들도 공평하게 경쟁할 수 있게 되었습니다. 평소 직무 역량을 제대로 갖췄다면, 지방대 출신도 능력에 따라 취업할 수 있는 길이 넓어졌습니다.

물론 서울 등 수도권에서 대학을 다니는 학생들은 역차별이라고 반발하고 있습니다. 블라인드 채용 제도가 아직 시행 초기라서 혼란은 있을 수밖에 없다는 생각이 듭니다. 개선이 많이 될 것으로 생각합니다.

블라인드 채용 방식 도입으로 인해 취업 시험에도 큰 변화가 생겼습니다. 앞으로는 중앙 및 지방 공공기관을 비롯한 공무원, 심지어 사기업까지 모두 정부가 정한 표준으로 채용시험을 치르게 될 것으로 보입니다. 아직 모든 기업에 전면적으로 확대 시행된 것은 아니지만, 우선적으로 공공기관을 시작으로 시범 적용하고 있습니다.

2017년에 332개 모든 공공기관이 이 방식으로 채용시험을 치렀습니다. 지방 공공기관도 블라인드 채용이 확산되고 있습니다.

정부가 만든 채용시험은 국가직무능력표준(NCS, National Competency Standards) 방식의 시험입니다. 이전 채용시험과는 상당히 달라진 방식입니다. NCS는 산업현장에서 직무를 수행하기 위해 요구되는 지식, 기술, 태도 등의 내용을 국가가 각각 산업부문별, 수준별로 체계화한 것을 말합니다. 산업 현장의 직무를 성공적으로 수행하기 위해 필요한 능력을 국가 차원에서 표준화한 것입니다.

정부는 대학에서 배우는 학문을 사회에서 곧바로 사용할 수 있도록 유도하고 있습니다. 이 흐름을 주도하는 것이 NCS 방식의 채용입니다. NCS 채용은 스펙보다는 직무와 관련된 경험과 경력을 위주로 선발하는 방식입니다. 토익 등 불필요한 스펙을 요구하지 않고, 취업준비생이 업무에 바로 투입되어도 일할 수 있는 능력을 갖추기를 바라고 있습니다.

취업준비생들은 이제 NCS 위주의 채용시험 공부를 하지 않으면 안 됩니다. NCS에 따른 채용방식 변경으로 인해 블라인드 채용 준비도 이에 맞게 준비해야 합니다. 전문대학은 NCS에 대비해 많은 준비를 하고 있지만, 4년제 대학에서는 아직 NCS 개념도 모르는 분들이 많습니다. 교수 뿐 아니라 학생들도 "이게 무엇이지?"하면서 궁금해 합니다.

아직도 NCS가 무엇이고, 블라인드 채용이 무엇인지 모르는 사람들이 많습니다. 제가 이 책을 쓰게 된 가장 큰 이유는, 블라인드 채용과 NCS 채용 방식에 대해 취준생들에게 알려드리려는 것입니다. NCS에 대한 정보가 별로 없고, 취업준비가 막막한 이들에게 미약하나마 도움이 되었으면 하는 바람입니다.

지금까지 블라인드 채용과 관련해 상세히 소개한 가이드북은 없었습니다. 이 책은 블라인드 채용에 대한 전반적인 취업전략을 제시한 '가이드북'입니다. 블라인드 채용이 무엇이고, NCS 기반 채용은 어떻게 하는지 기본적인 취업 가이드를 제시하고 있습니다. 이 책을 통해 블라인드 채용에 대해 이해하실 수 있기를 바랍니다. 그리고 제대로 된 취업전략을 마련해 꼭 원하는 기업에 합격하시기를 기원합니다.

저는 한국산업인력공단에서 근무할 때 NCS를 만들고 이와 관련한 연관 업무를 총괄하는 임원이었습니다. 이 때문에 어느 누구보다 NCS를 잘 알고 있고, 미래 채용시장의 변화 흐름도 선제적으로 파악하고 있다고 자부하고 있습니다.

NCS 채용 방식은 대학 및 교육기관에서 어떤 수강과목을 들었느냐, 어떤 봉사활동을 했느냐가 중요합니다. 심지어 아르바이트와 취미 등도 하나의 경력으로 인정해 NCS 취업활동과 연계하고 있습니다. 이 모든 활동을 논리적으로 연관 짓고 자신을 잘 홍보하기 위해서는 NCS 채용이 무엇이고, 이를 준비하기 위해서는 어떻게 해야 할지 알고 있어야 합니다.

앞으로 NCS를 통하지 않고서는 취업이 어려울 것으로 예상합니다. 공공기관 뿐 아니라 공무원 시험, 지방 공공기관, 사기업까지 NCS를 기반으로 한 취업이 전면 확대될 전망이기 때문이죠.

NCS는 공공기관 중심으로 재편되고 있는 채용방식이지만, 이제는 대기업까지 그 영역이 확대되고 있습니다. 물론 NCS 방식으로 채용시험을 치르는 대기업들도 있지만, 점점 그 영역이 넓어질 것입니다. 심지어 중소기업까지도 NCS 방식으로 채용시험이 이루어질 것입니다.

공공기관 입사 준비를 하는 지원자는 물론 대기업 지원자들도 NCS 방식의 채용시험 구조를 잘 알아두어야 합니다. NCS와 관련한 새로운 흐름을 따르지 않는다면 발전이 더딜 수도 있습니다. NCS 취업 대비를 하지 않으면 대학도 도태할 수밖에 없습니다. 저는 취업준비생들이 NCS를 통한 취업을 많이 할 수 있도록 블라인드 채용에 대한 모든 내용을 알려드려 취업을 돕고 싶습니다. 꼭 취업 하시기를 기원합니다.

너무 딱딱한 수험서 형태보다 가볍게 읽을 수 있도록 만들었습니다. 취업 준비 때문에 머리 아픈 취준생이 또다시 골치 아픈 수험서를 읽어야 한다는 부담감을 덜어주기 위해서입니다. 취업 준비서이지만, 가벼운 소설책으로 생각하고 읽어주시면 더할 나위 없는 기쁨이겠습니다.

2018년 희망찬 한 해를 기다리며
저자 김연욱

PART 1
채용시험의 대변화

PART 1. 채용시험의 대변화

1강. 블라인드 채용 전면 도입

청년 모두가 취업하는 세상을 기대하며

취업준비생 여러분 힘드시죠? 취업 때문에 청년들의 삶이 많이 고단하다는 것 잘 압니다. 저 또한 그 길을 걸었으니까요. 하지만 그때와 지금을 비교할 수 없을 것 같습니다. 제가 취업 준비하던 90년대 초반에는 취업할 수 있는 자리가 지금에 비해 다소 많았으니까요. 갈수록 취업이 어려워지고 있어 큰일입니다. 청년 10명 중 2명이 사실상 실업자라는 통계가 있습니다. 대한민국 청년 모두가 취업하는 세상을 희망합니다. 더 이상 취업 때문에 아픔을 겪지 않았으면 좋겠습니다.

청년층(만 15~29세) 실업률은 2007년부터 지난 10년 동안 7% 아래로 떨어진 적이 없습니다. 그런데 지금은 2배가 넘습니다. 실업자 외에 불완전취업자, 취업준비생, 구직 단념자를 포함하는 청년층 체감실업률은 2017년 5월 기준으로 22.9%를 기록했습니다. 청년 10명 중 2명은 사실상 실업자인 셈입니다.

이러한 청년실업 해소를 위해 문재인 대통령은 공공부문 일자리창출을 주요 국정과제로 삼았습니다. 문재인 정부는 청년실업률을 해결하기 위한 1순위 공약으로, '공공부문 일자리 81만개 창출'을 약속한 것입니다. 일자리 문제 해결을 위해 신설된 대통령 직속 '일자리 위원회'는 '공공부문 81만개 일자리 로드맵'으로 일자리 창출을 추진하겠다고 밝혔습니다. 일자리 창출 실적을 공공기관 경영 평가 지표로 적용하겠다는 방침도 발표했습니다.

취업준비생들이 공공부문에 취업할 수 있는 기회가 이전에 비해 훨씬 넓어진 것이죠. 이 때문에 요즘 노량진 공무원 학원가에는 밀려드는 공무원 시험 준비생으로 인해 '즐거운 비명'을 지르고 있다고 합니다.

공무원 시험뿐만이 아닙니다. 공기업을 포함한 공공기관 등을 준비하는 취업준비생들도 취업시장이 넓어진 이번 기회에 반드시 취업을 하겠다고 다짐하고 있습니다. 좋은 기회인 것은 분명한 일이죠.

하지만 취업 전략을 제대로 짜야만 합격이 가능합니다. 전략 없이 무턱대고 덤벼들다가는 실패할 수밖에 없습니다.

공공부문 블라인드 채용 발표

정부는 2017년 하반기부터 공공부문에 블라인드 채용을 도입한다고 발표했습니다. 2017년 7월부터 공공기관 332곳이 블라인드 채용 제도를 전면 도입했습니다. 9월부터는 지방공사·공단 149개, 지방출자·출연기관 675개 등 전국의 지방공공기관 824개 전체에 확대·시행하고 있습니다.

이번 대책은 문재인 대통령이 지시한 '공공부문 블라인드 채용 의무화'를 본격적으로 추진하기 위해 마련된 것입니다. 그런데 사실 알고 보면 이 블라인드 채용이 이번에 갑자기 도입된 것은 아닙니다. 이전부터 있었던 제도입니다. 공공부문에 더 확대한다는 의미죠.

정부의 발표내용은 크게 세 가지로 요약됩니다.

첫째, 공공기관과 지방공기업 입사지원서, 면접에서 편견이 개입될 수 있는 항목은 삭제합니다. 출신지역, 가족관계, 신체적 조건, 학력 등을 원칙적으로 적지 못하게 한다는 것입니다. 단, 공정한 실력평가를 위해 직무를 수행하는데 있어서 필요한 지식, 기술 등은 사전에 공개하기로 했습니다. 입사지원서는 채용직무와 관련된 지식, 기술 등을 파악할 수 있는 교육, 훈련, 자격, 경험 등의 항목으로 구성합니다. 면접에서도 실력평가를 위한 경험·상황면접 등 체계화된 면접을 통해 공정한 평가와 선발이 이루어집니다.

둘째, 공개채용 뿐만 아니라 경력채용도 확산할 계획입니다. 인사혁신처와 행정자치부는 '경력채용 부문별 표준화 방안' 을 마련해 2017년 하반기 경력채용 시험부터 모든 행정기관에서 표준화된 제출서류 양식을 활용하고 있습니다.

셋째, 민간기업 도입을 위한 지원도 확대할 방침입니다. 민간기업 확산을 위해 '블라인드 채용 가이드북' 을 마련하고, 채용 컨설팅 및 인사담당자 교육을 지원할 계획입니다. 중견·중소기업을 대상으로 입사지원서 개선, 직무분석을 통한 직무기술서, 면접도구 개발을 지원하는 컨설팅을 실시하고 인사담당자 교육도 병행할 예정입니다. 기업 채용현황을 조사해 변화하는 채용 트렌드도 알릴 계획입니다.

공공기관 채용방식이 역량 기반의 채용제도로 전면 변경되는 것입니다. 스펙을 탈피한 진정한 능력 중심의 사회를 만들겠다는 것으로 이해하면 됩니다. 정부의 이 같은 방침에 따라 국내 대기업들도 점점 블라인드 채용 방식을 채택할 것으로 예상됩니다. 물론 일부 대기업에서는 블라인드 채용 방식을 이미 도입해 실시하는 곳도 있기는 합니다. 직무역량을 파악하기 위한 기업들의 노력은 계속될 것이고, 인턴 활동 등 실무경험자의 우대, 경력을 가진 신입사원이 우대받을 가능성이 높습니다.

블라인드 채용, 공·사기업으로 전면 확대

취업포털 잡코리아가 기업체 인사 담당자 418명에게 블라인드 채용에 대해 물은 결과 5명 중 4명이 찬성했습니다. 또 절반 이상은 스펙보다 인성·직무능력 중심으로 채용의 틀이 바뀔 것으로 전망했습니다.

블라인드 채용 제도가 정착된다면, 기업체 측면에서는 적정한 인재를 채용할 수 있습니다. 개인은 불필요한 스펙 쌓기에 소요되는 비용을 생산적인 자기개발활동 등에 사용할 수 있죠. 국가·사회적 측면에서는 양질의 고용실현을 달성할 수 있을 전망입니다.

하나씩 살펴볼게요.

먼저 **개인 차원**입니다.

블라인드 채용이 확산되면서 개인 능력을 중요시하는 분위기로 점차 바뀔 것입니다. 공공기관과 대기업은 본래 고(高) 스펙자 위주로 채용했습니다. 스펙이 좋지 않은 구직자는 꿈조차 꿀 수 없는 영역이었습니다. 하지만 블라인드 채용 제도 도입으로 저(低) 스펙자도 직무 역량이 있다면 공공기관 및 대기업 취업이 가능합니다.

사회 차원입니다.

블라인드 채용이 사회변화를 가속시킬 것으로 보입니다. 블라인드 기반 채용과정은 직무적합형 인재 선발 → 직무만족도 향상 → 조직몰입도 향상 및 성과창출 → 개인 및 조직 역량강화 → 국가경쟁력 강화로 설계되어 있습니다.

〈 블라인드 채용 기준 〉

구분	주요 기준	구체적 기준
기업 공공기관	• 필요 인원 중심의 선발	• 구체적 채용 공고 • 효율적 선발에 초점
개인	• 회사 → 직무 중심으로 지원	• 직무 중심의 지원 • 분명한 목표 의식 • 직무 및 역량이 중요
정부	• 블라인드 채용 유도	• 균등 고용 기회 마련 • 인원 중심 채용 정책

그렇다면 정부가 블라인드 채용을 확산시키기 위해 확산도구가 필요한데, 그 수단이 뭘까요? 바로 NCS(국가직무능력표준)입니다(NCS에 대해 뒤에 자세히 설명하겠습니다).

NCS는 최근 개발된 것이 아닙니다. 90년대부터 이미 시작됐으며, 계속 수정 보완되고 있습니다. NCS 정책이 정부에 따라 없어지거나 하는 제도가 아닙니다. NCS 채용 방식이 더 확대될 수밖에 없는 중요한 이유입니다. 정부는 NCS를 통해 블라인드 채용을 더 확산시키려 하고 있습니다.

정부는 공기업과 준정부기관 등 공공기관이 2017년부터 신입사원을 뽑을 때 NCS를 제대로 준수하지 않으면 공공기관 경영평가 때 불이익을 주기로 했습니다. NCS 기반 채용을 공공기관 경영평가의 필수평가 항목으로 확정했습니다.

공공기관 경영실적 평가 때 '조직 및 인적자원 관리(비계량평가)' 부문 배점을 기존 2점에서 4점으로 확대(총점 대비 비중은 2%에서 4%로 확대)하고 이 부문 필수평가항목 중 하나로 'NCS의 도입과 이행 및 성과'를 넣기로 했습니다.

NCS 기반 채용을 부실하게 하는 공공기관은 경영실적 평가 때 큰 손해를 보게 될 것이기 때문에 NCS를 적용할 수밖에 없습니다. 이 같은 NCS 채용에 대한 정부 방침을 블라인드 채용에도 똑같이 적용할 것으로 예상됩니다.

정부가 블라인드 채용을 확대 시행한다고 했기 때문에 공공기관은 채용 실적을 해당 부처에 반드시 보고해야 합니다. 그것이 공조직의 특성입니다. 공공기관에서는 블라인드 채용 제도를 따를 수밖에 없을 것이고, 이에 맞는 인재를 더 찾으려 할 것입니다. 앞으로 블라인드 채용이 확산될 수밖에 없는 가장 큰 이유입니다.

블라인드 채용의 전망

향후 NCS를 활용한 인적자원관리가 채용뿐만 아니라 인적자원관리 활동 전반에 걸쳐 확대 운영될 것으로 예상됩니다. NCS는 기존 직원의 자기계발과 직무능력 개발을 위한 교육 인프라도 확충하고, 이를 승진이나 배치전환, 연봉 등에도 반영할 것입니다. 교육성과를 평가해 인증을 부여하고 그 결과를 승진이나 전보에 활용하는 '직무인증제'도 확대하기 때문에 평소 직무와 관련한 노력이 중요합니다. 블라인드 채용의 핵심은 불필요한 스펙보다 직무에 맞는 스펙을 갖춘 인재를 NCS 평가도구로 채용하는 것입니다.

블라인드 채용이 보편화되면 개인과 기업 모두에 이점이 있습니다. 기업체 측면에서는 뽑고 싶은 사람, 즉 일을 잘 할 수 있는 사람을 뽑을 수 있어서 좋습니다. 업무의 효율성이 높아질 수 있는 것이죠. 개인도 업무와 크게 관계가 없는 스펙 쌓기에 소요되는 비용을 생산적인 자기개발 활동이나 자신이 좋아하는 일에 집중 투자하게 되는 효과를 볼 수 있을 것입니다. 명문대 위주로 선발했던 일부 대기업의 기존 채용 방식에도 근본적인 변화를 줄 것으로 예상됩니다.

블라인드 채용 방식은 개인의 경력개발 강화, 국가 · 사회적 측면에서는 잡 미스매치(Job-Mismatch)로 유발되는 각종 사회적 비용 절감 효과를 기대할 수 있을 것입니다. 이로 인한 양질의 고용실현 등과 같은 선 순환적 효과들이 점차 실현될 수 있을 것으로 생각됩니다.

나이를 먹으면 먹을수록, 한 분야의 전문가가 되는 것이 중요하다는 생각이 점점 확고해집니다. 취준생 모두 전문가가 되기를 바랍니다. 미래 사회는 전문성을 갖춘 인재를 점점 더 원하기 때문입니다. 궁극적으로 한 분야의 전문가 양성을 목표한 한 NCS 채용 방식인 블라인드 채용은 더 확대될 수밖에 없습니다.

🐞 취업 전략

지방대 출신들은 자신이 졸업한 학교가 위치한 그 지역 공공기관에 취업하는 전략이 필요합니다. 지역인채 채용을 30%까지 늘린다는 정부 방침이 있기 때문에, 출신대학이 있는 지역 공공기관 취업에 유리합니다.

전문대학 출신도 블라인드 채용 방식이 취업에 더 좋은 구조입니다. 지금까지 4년제 종합대학에 비해 전문대학 학생은 직무능력이 뛰어남에도 전문대학 출신이라는 이유로 차별을 받아왔죠. 하지만 이제는 전문대학에서 공부한 학생도 능력만 있다면, 어디든 차별받지 않고 취업할 수 있는 길이 열렸습니다.

● 취업 Note

① 공공기관의 정의

공공기관이란 정부의 투자 · 출자 또는 정부의 재정지원 등으로 설립 · 운영되는 기관으로서 공공기관의 운영에 관한 법률 제4조 1항 각호의 요건에 해당하여 기획재정부장관이 지정한 기관을 의미합니다.

② 공공기관의 유형

유형	정의	구분	
공기업	직원 정원이 50명 이상이고, 자체 수입액이 2분의 1 이상인 공공기관 중에서 기획재정부 장관이 지정한 기관	시장형	자산규모가 2조원 이상이고, 총수입액 중 자체수입액이 대통령령이 정하는 기준 이상인 공기업
		준시장형	시장형 공기업이 아닌 공기업
준정부 기관	직원 정원이 50명 이상이고, 공기업이 아닌 공공기관 중에서 기획재정부 장관이 지정한 기관	기금 관리형	국가재정법에 따라 기금을 관리하거나, 기금의 관리를 위탁받은 준정부기관
		위탁 집행형	기금관리형 준정부기관이 아닌 준정부기관
기타 공공기관	공기업, 준정부기관이 아닌 공공기관		
지방 공공기관	지방자치단체가 직접 설치하거나 법인을 설립해 경영하는 기업. 지방자치단체가 직접 운영하는 지방직영기업과 지방자치단체가 법인을 설립해 간접적으로 운영하는 지방공사 및 지방공단 등으로 구분	직영기업	지방자치단체가 직접 운영
		지방공사 및 지방 공단	지방자치단체가 법인을 설립해 간접적으로 운영하는 지방공사 및 지방공단

2강. 블라인드 채용 전면 도입

정부가 정한 방식으로 채용시험 출제

공공기관부터 블라인드 방식으로 채용시험을 시작했지만 향후 공무원, 민간기업까지 확대 적용될 것입니다. 이 때문에 공공기관을 준비하지 않더라도 취업준비생들은 블라인드 채용 방식을 잘 아는 것이 중요한 일입니다. 향후 채용시장 추세 등을 잘 아는 것도 선제적인 취업 준비라고 할 수 있으니까요.

그렇다면 정부가 정한 표준방식이 뭐죠?

왜 정부가 나서 취업시장을 좌지우지하나요?

불만이 많으실 겁니다. 또 하나의 스펙을 정부가 강요하고 있다고 항의하는 사람도 있으니까요.

정부가 정한 표준 채용방식은 국가직무능력표준(NCS, National Competency Standards)을 기반으로 한 것입니다. NCS는 산업 현장에서 직무를 수행하기 위해 요구되는 지식·기술·소양 등의 내용을 국가가 산업부문별·수준별로 체계화한 것입니다. 산업 현장의 직무를 성공적으로 수행하기 위해 필요한 개인의 역량을 국가 차원에서 표준화한 것입니다.

블라인드 채용은 NCS 방식으로 시험을 치르는 것을 의미합니다. NCS는 2015년부터 일부 공공기관 시험에 시범 적용 되었는데, 2017년부터는 모든 공공기관으로 확대적용된 것이죠. 이 때문에 NCS 취업 방식에 대해 제대로 알 필요가 있습니다. 이 방식을 모르면 취업 자체가 어렵습니다.

NCS? 용어부터 엄청 어렵죠? 쉽게 말하면 개인의 성공을 위해 인생경로를 종합해 정부가 만든 '제시틀'이라고 할 수 있습니다. 시행 초기이기 때문에 제도적 측면에서 다소 미비한 점은 있을 수 있지만, 취업준비생들에게 또 다른 스펙을 요구하는 것은 아닙니다. 오히려 권장해야 하는 제도이지요. 이 제도가 미래사회를 위해 바람직하다고 여기기 때문에 정부가 시행하는 것입니다.

이 방식은 영국, 호주, 일본 등 선진국에서 이미 활용하고 있는 제도입니다.

우리나라에서는 어떨까요?

우리나라 역시 오래전부터 NCS를 개발하는 사업을 시작했습니다. 2002년 한국고용정보원에서는 국가직업능력표준(NOS) 사업을, 2003년 교육부는 직업능력개발원을 통해 국가직무능력표준(KSS)이라는 사업을 시작했습니다. 2가지 사업의 목표가 비슷하다 보니 2010년 NCS로 통합된 것이죠.

우리 사회가 학력, 학벌주의를 청산하고 능력중심사회를 구현할 수 있는 방식이 NCS이지요. 정부와 상관없이 NCS는 계속 갈 수밖에 없습니다. NCS 채용방식이 점점 늘어나면 늘어났지 줄어들지는 않을 겁니다.

그러나 정부의 이 같은 방침에도 불구하고 취업준비생들은 이를 또 다른 스펙으로 받아들여 기업 공채 준비에 부담을 느끼고 있어 안타깝습니다. 취준생들은 힘들겠지만, NCS 위주의 채용시험 공부를 하지 않으면 안 됩니다. NCS에 따른 채용방식 변경으로 인해 채용 준비도 이에 맞게 준비해야 합니다.

취준생 여러분!

너무 초조해 하지 말고 기다리며 준비하세요. 물론 말은 쉽지만, 언젠가는 여러분이 생각하는 희망은 반드시 이루어집니다. 저도 서른이 넘어서야 취업이 됐습니다. 신림동 고시원에 파묻혀 공부도 했지만, 나중에 돌아보면 (취업준비가) 인생에서 거쳐야 할 하나의 과정이 아니었나 생각됩니다. 모든 과정을 준비하다 보면 어느새 자신도 모르게 성장해 있을 것입니다.

모두 힘내세요. 파이팅!!!

취업 Note

〈 NCS 연혁 〉

1999	• 99년 국무조정실 자격제도 규제개혁 과제의 일환으로 '국가직업능력표준의 조기 개발·보급' 제시
2002	• 00년 노사정 합의에 따라 02년부터 표준 개발 착수 • 고용노동부·한국산업인력공단 주관 국가직업능력표준(NOS:National Occupational Standards) 개발 • 교육부·한국직업능력개발원 주관 국가직무능력표준(KSS:Korea Skills Standards) 개발
2007	• 07년 자격기본법령 개정으로 표준 개발 법제화, 동 법령은 각 부처가 소관 산업분야의 NCS를 개발해 고시하도록 규정
2009	• 「국가직무능력표준 일원화 TF」('09.2~8)구성·운영
2010	• 5월, 국가직무능력표준 추진 효율화를 위한 '국가정책조정회의' 조정 • 표준 명칭 통일(국가직무능력표준, NCS) 및 개발주체 일원화
2013	• 2월, '능력중심 사회를 위한 여건 조성'의 핵심국정과제로 확정 • 14.12월까지 총797개 NCS개발완료('13년 240개, '14년 557개 개발)
2015	• 1월, 기획재정부, 고용노동부, 교육부 등 정부부처와 협력해 공공기관 및 기업에서의 활용, 과정평가형 자격제도 시행, 신직업 자격의 설계와 적용 등에 중점을 두어 NCS 활용·확산 추진 • 12월까지 총 847개 NCS개발 완료('15년 50개 개발) • 890개 민간 중견·중소기업 대상 기업 컨설팅 실시
2017	• 4월까지 총 897개 NCS개발 완료(능력단위 1만1,198개) • 블라인드 채용, 공공기관 전면 도입 및 지방 공공기관도 확대 실시

출처 : NCS 홈페이지(http://www.ncs.go.kr)

스펙보다 직무가 중요

블라인드 채용에서는 스펙이 중요하지 않습니다. 직무와 무관한 무조건적 스펙 쌓기는 실제 취업에 도움이 되지 않다고 본 것이죠. 이 때문에 직군·직무별 업무 내용 및 필요 능력을 기르는 것이 중요하게 되었습니다. 취업준비생들은 자신이 원하는 직무에 맞는 능력을 기르는 것이 시급합니다. 스펙보다 직무가 중요한 사회가 된 것이죠.

소위 명문대 출신 취준생들은 NCS 채용 방식, 블라인드 채용에 불만을 가질 수 있습니다. 자신들의 실력, 소위 스펙을 믿기 때문에 직무 분야와 관련 없이 여러 곳에 지원해도 쉽게 합격할 수 있었습니다.

그러나 이제는 쉽지 않습니다. NCS가 산업별로 구분돼 있어 특정 업종에 취직하기 위해서는 그 분야에 집중해야하기 때문입니다. 과거에는 명문대 출신들이 모든 공공기관을 취업 대상으로 삼고 준비를 했는데, 앞으로는 사실상 힘들게 된 것이죠.

취준생들은 일 중심 채용 변화에 맞춰 무분별한 스펙 쌓기보다는 자신이 하고 싶은 분야, 잘할 수 있는 직무를 빨리 찾는 것이 중요합니다. 그 직무를 찾았다면, 지원하고자 하는 공공기관 또는 기업의 직무에 대한 전문지식과 업무능력을 향상시켜야 합니다.

정부가 추진하는 블라인드 채용의 궁극적인 목적은 능력중심사회를 만드는 것입니다. 학력이나 스펙이 아니라 자신들이 원하고 잘할 수 있는, 일 중심의 직업능력을 개발해 현장 적응력을 높여가는 것을 중요하게 생각하고 있습니다. 직무능력에 따라 채용되고 평가·보상 받는 능력중심사회 구현이 블라인드 채용의 큰 방향입니다. 자신에게 맞는 직무를 찾아서 미리 준비하는 자세가 필요하겠죠.

대학 및 교육기관에서 어떤 수강과목을 들었느냐, 어떤 봉사활동을 했느냐, 심지어 아르바이트와 취미 등도 중요해졌습니다. 이를 하나의 경력 또는 경험으로 인정해 취업과 연

계하고 있기 때문입니다. 이 모든 활동을 논리적으로 연관 짓고 자신을 잘 홍보하기 위해
서는 NCS 채용이 무엇이고, 이를 준비하기 위해서는 어떻게 해야 할지 잘 알고 있어야 합
니다.

학력이나 스펙이 아니라 타고난 소질과 재능을 존중하고 인정하는 문화가 우리 사회에
하루 속히 뿌리내려야 할 것입니다. 이를 위해서는 우수인재채용 인사시스템을 확립하는
것이 필요하겠죠. 그 방식이 능력중심사회를 구현하려는 블라인드 채용이며, 실질적인 실
행 틀인 NCS 방식의 채용 구조인 것입니다.

아는 것이 아니라 할 수 있는 것

'무엇을 아느냐(What you know)'가 아니라 '무엇을 할 수 있느냐(What you can do)'
가 중요합니다. 아는 것이 아니라 할 수 있는 것이 무엇인가를 보는 것이 블라인드 채용이
기 때문입니다.

이젠 공공기관의 채용 패턴이 바뀌고 있습니다. 만점에 가까운 토익 성적표도, 해외연수
경험도, 취업을 위해 만들어진 스펙도 채용에 도움이 되지 않습니다. 오직 직무에 필요한
역량을 갖췄는지 만을 기업체 입장에서는 판단하고 있습니다. 그 변화의 중심에는 '국가
직무능력표준(NCS)'이 자리 잡고 있습니다.

많은 분야에서 폭넓게 아는 것도 좋지만 한 분야에서 깊이 아는 것, 얼마나 잘 할 수 있
느냐가 더 중요하게 됐습니다. 그것이 바로 능력중심사회로 가는 길입니다. 모든 것이 두
리뭉실한 것보다 구체적인 것이 좋습니다. 자기소개서 뿐 아니라 면접에서도 실제 업무상
황에서 어떻게 일 처리를 할 것인가 그리고 해당 분야를 얼마나 잘 알고 있고, 잘 할 수 있
는지 파악해야 합니다.

PART 1. 채용시험의 대변화

PART 2. 블라인드 채용 준비과정

PART 3. 서류전형 및 필기시험

PART 4. 자기소개서

PART 5. 블라인드 면접

취준생 여러분!

당장 취업이 힘들다고 포기하지 마세요. 그리고 겁먹지 마세요. 자신이 하고 싶은 취미나 관심 있는 일도 하지 못하고 스펙만을 쌓는 데 몰두한다면, 퇴보할 수밖에 없습니다. 삶의 주인은 여러분 자신입니다. 남을 위해 살지 말고 자신을 위해, 하고 싶은 일에 매진해보세요. 두려워 말고 계속 도전하면 취업의 길이 열립니다.

지원기업에 떨어진 것은 본인의 부족이 아니라 그 회사와 안 맞아서 떨어진 것이라고 편안히 생각하세요. 실제 그 공공기관 및 기업이 원하는 인재상은 분명 있을 것입니다. 그 기업의 인재상과 여러분이 생각하는 부분이 다소 다르기 때문에 합격하지 못한 것일 뿐입니다.

저는 개인적으로 블라인드 채용 방식에 찬성합니다. 취준생들이 모든 기업체 또는 공공기관에 '묻지마' 식으로 지원하는 것을 반대합니다. 그렇게 오래 살지는 않았지만, 취준생보다 한 살이라도 더 나이든 사람으로서, 나이를 먹을수록 느끼는 생각은 '저 사람은 어떤 분야 전문가야!' 라는 소리를 듣는 것입니다. 요즘 갈수록 그런 생각이 더 많이 듭니다.

그런데 문제는 하나 있습니다. 지금 공공기관은 대부분 순환근무 방식으로 일합니다. 한 부서에 고정 근무하지 않고 여러 부서를 순환하는 형태입니다. 이 때문에 전문성을 가지고 입사했다고 해도 순환 배치될 수밖에 없는 것이 한계입니다. 이 문제를 어떻게 풀어야 할지 중요한 과제입니다.

취업 Note

〈 직업능력이란 〉

직업인으로서 갖추어야 할 능력(직업기초능력+직무수행능력). 근로자가 자신의 직업에서 업무를 성공적으로 수행하기 위해 요구되는 능력의 총체

- 직업기초능력 : 직업인이 공통적으로 갖추어야 할 능력(10개 영역과 34개 하위 영역). 직종이나 직위에 상관없이 대부분의 직종에서 직무를 수행하는데 공통으로 필요한 능력

대영역	하위영역
의사소통능력	문서이해 능력, 문서작성 능력, 경청 능력, 의사표현 능력, 기초외국어 능력
수리 능력	기초연산 능력, 기초통계 능력, 도표분석 능력, 도표작성 능력
문제해결능력	사고력, 문제처리 능력
자기개발능력	자아인식 능력, 자기관리 능력, 경력개발 능력
자원관리능력	시간자원관리 능력, 예산자원관리 능력, 물적자원관리 능력, 인적자원관리 능력
대인관계능력	팀워크 능력, 리더십 능력, 갈등관리 능력, 협상 능력, 고객서비스 능력
정보능력	컴퓨터활용 능력, 정보처리 능력
기술능력	기술이해 능력, 기술선택 능력, 기술적용 능력
조직이해능력	국제감각, 조직체제이해 능력, 경영이해 능력, 업무이해 능력
직업윤리	근로 윤리, 공동체 윤리

- 직무수행능력 : NCS로서 대분류(24개) – 중분류(80개) – 소분류(238개) – 세분류(897개)로 체계화. 특정 직종과 직위에 따라 독특하게 요구되는 전문 능력으로 필수직업능력, 선택직업능력, 산업공통직업능력으로 구성

직무수행능력은 모든 산업을 24개로 나누고 이를 다시 직종 등에 따라 897개로 구분한 다음 각각의 직무에 대해 수준별로 1에서 8까지 등급을 매긴 것입니다. 1등급은 가장 기초적인 단계, 8등급은 최고 전문가, 즉 마이스터 단계라고 할 수 있습니다.

정부가 운영하는 NCS 사이트(http://www.ncs.go.kr)에 들어가면, 구직자는 이 기준에 따라 자신이 몇 등급인지를 판단할 수 있습니다. 학벌, 외국어 능력보다 취업하려는 곳의 업무에 어느 정도 적합한 지 알 수 있을 것입니다.

3강. 블라인드 채용의 실행 도구 NCS

NCS는 '직무 가이드'

NCS라는 말 정말 생소하죠? 'NSC'는 들어본 것 같은데 'NCS'는 뭐지?

NSC는 National Security Council의 약자로 국가안전보장회의를 말합니다. 우리나라 국가 안보·통일·외교와 관련된 최고 의결기구로, 대통령 직속 자문기관이죠.

학생들도 NCS와 NSC를 혼용해서 사용하기도 하고, 일부 기자들도 잘 구분하지 못한 채 기사를 쓰는 경우도 종종 있습니다. 대학 교수들도 이 용어를 잘 모르는 경우가 많습니다. 제가 만난 사람 10명 중 9명 정도가 NCS를 모릅니다. 아니 100명 중 95명 이상이 모른다고 할까요. 정부에서는 홍보를 한다고 하고 있지만, 아직도 홍보가 많이 부족한 것 같습니다.

NCS는 직장인들이 직무능력 향상을 위해 해야 할 방향을 제시한 일종의 '직무가이드'라고 할 수 있습니다. 이러한 NCS를 기반으로 인재를 선발하는 방식이 블라인드 채용입니다. 직무를 성공적으로 수행하는데 반드시 요구되는 능력 요건(지식, 기술, 태도 등)을 산업 부문별로 체계화해 선발과 관련이 있는 기관 및 기업에게 표준화된 정보를 제공하는 종합정보서비스입니다.

NCS는 채용 때만 이용되고 버려지는 '1회용'이 아닙니다. 승진과 교육훈련 등 직장 생활 전반에 걸쳐서 적용되는 직무능력 향상 제도입니다. 이 때문에 NCS를 많이 알면 알수록 사회생활에서 유리합니다.

지금도 늦지 않았습니다. 공공기관 취업준비생 뿐 아니라 일반 기업 취준생까지 알면 좋을 겁니다. 나중에는 경력 근무자 채용도 NCS 채용방식으로 이루어집니다. NCS가 얼마나 중요한지 알겠죠?

NCS 분류 체계 및 도입 배경

  국가직무능력표준(NCS)은 직무분석을 통해 직무내용과 요건을 표준화하고, 직무와 관련된 필요한 교육훈련, 자격, 채용방법 등 다양한 정보를 포함하고 있습니다. 일터 중심의 체계적인 NCS 개발을 위해 산업현장 직무를 한국고용직업분류(KECO)에 부합하게 분류한 것이 NCS 분류체계입니다. 2017년 4월 기준으로 대분류(24개) - 중분류(80개) - 소분류(238개) - 세분류(897개)로 나누어집니다. NCS 분류체계는 산업계 및 관계부처 협의를 통해 확정됩니다.

【 NCS 분류 체계도(예시) 】

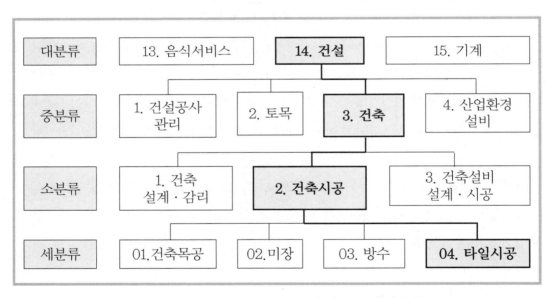

출처 : NCS 홈페이지(http://www.ncs.go.kr)

  NCS 도입 배경은 취업준비생과 기업·공기업 측면으로 나누어 생각해 볼 수 있습니다.
  우선 **취업준비생** 입장입니다. 취업준비생은 명확한 채용 기준을 모르기 때문에 직무와 무관한 다양한 스펙을 쌓기 위해 많은 시간과 비용이 들었습니다. 학벌과 토익, 어학연수와 같은 스펙 쌓기에만 매진한 것이지요.

기업 또는 공기업은 어떨까요. 이들도 충분한 직무설명, 명확한 채용기준 등을 제시하지 않은 채 채용을 진행했습니다. 이 때문에 노동시장(기업 또는 공기업 등)과 교육시장(대학)에서는 미스매치 현상이 계속 일어날 수밖에 없었습니다.

한국경영자총협회가 2016년 전국 306개 기업을 대상으로 실시한 설문조사 결과에 의하면, 신입사원 조기퇴사 이유는 조직 직무·적응 실패가 49%로 가장 높았습니다. 대졸 신입사원 채용 후 1년 내 퇴사율도 2012년 23.6%, 2014년 25.2%, 2016년 27.7% 로 증가되는 추세입니다. 기업들의 신입사원 채용과 교육에 투자한 비용을 감안하면, 이들의 조기퇴사는 반갑지 않은 결과라고 할 수 있죠.

대졸 신입사원 재교육 기간 및 소요비용이 평균 19.5개월의 교육기간과 연간 6,000여만 원의 교육비가 들어간다는 조사가 있습니다. 기업이 원하는 교육이 아닌 공급자 위주의 교육 때문이었죠. 비용을 부담하는 기업 입장에서 지나친 재교육비에 당연히 불만이 있을 수밖에 없는 상황입니다.

대학생들도 피해자입니다. 취업에 대한 불안감을 스펙으로 보충하려다 보니 휴학이 일반화 되고, 어학연수, 자격증 등 스펙 취득을 위한 비용 부담은 물론 최초 취업 시기도 지연되는 문제가 발생하게 됩니다.

이를 해결하기 위해 정부가 나서게 된 것이죠. 채용과정에서 사전에 채용직무 내용을 상세히 공개하고, 직무 능력을 토대로 한 명확한 평가 기준 마련이 필요했던 것입니다. 인적자원의 질이 국가경쟁력의 핵심이라고 생각했습니다. 국가 차원의 인적자원개발시스템 개발이 필요하게 돼 NCS를 만들게 된 배경입니다.

과거에는 대학, 학력을 보고 사람을 뽑았습니다. 직무능력보다 소위 스펙으로 사람을 뽑다보니 일을 시켰을 때, 제대로 일처리를 못하거나 열정이 없는 경우가 많았습니다.

이를 해결하는 연구가 시작됐습니다.

마침내 '역량(competency)'이라는 개념이 생기고 '역량모형(competency model)'이 만들어졌습니다. 일을 잘하는 사람들을 조사하고 연구를 통해 그들의 성향, 역량들을 발견하게 됐고, 그 발견된 성향, 역량 즉 역량모델에 맞춰 인재를 뽑는 방식이 일의 성과가 있다는 것을 알게 된 것이죠. 이러한 역량모델에 의한 채용을 국가차원에서 종합적으로 정리를 한 것이 바로 NCS입니다.

NCS는 직업적 목표가 명확하고 직업인이 해야 할 일을 수준별로 정리해 놓았습니다. NCS를 접하지 않았던 사람들은 이 개념이 생소하고, 이에 맞춰 공부를 또 해야 하기 때문에 부담이 클 것입니다.

하지만 점차 우리 교육과정은 NCS로 바뀌고 있습니다. 전문대학이 NCS 방식을 도입했고, 고교 교육에서도 실시하고 있습니다. 다소 아쉬운 점이 있다면, 시행과정에서 전문대학 등에 반강제적으로 적용해 일부 반발을 산 측면이 있기는 하지만요. 아무튼 NCS 채용이 점차 확대될 것으로 예상합니다.

기존 채용과 블라인드 채용의 차이

블라인드 채용은 과거의 채용과 어떻게 다를까요?

지금까지 기업이나 공공기관의 채용은 취업준비생들의 어학실력이나 학력, 학점, 자격증 등을 판단해 이루어졌습니다. 일류 대학에 들어가고 어학성적 스펙을 쌓아야만 좋은 직장에 갈 수 있었습니다.

그런데 막상 스펙이 좋은 사람들도 일을 잘 못하는 경우가 많았습니다. 일과 학력 등 스펙이 직무와 상관관계가 크지 않다는 것을 알게 된 것이죠. 기업 입장에서는 채용 이후 다시 직무교육을 시킬 수밖에 없었습니다.

이러한 문제점을 해결하기 위해 생겨난 것이 블라인드 방식의 채용입니다. 블라인드 채용은 실제 직무에 쓰일 수 있는 직무능력의 유무로 직원을 뽑는 것입니다. 실제 일할 수 있는 능력이 있는가를 판단하는 채용 방식입니다.

블라인드 채용은 입사지원서에 학교명, 학점, 가족사항 등 직무 능력과 관련 없는 스펙사항 기재할 곳을 없앴습니다. 채용 분야별로 미리 취준생에게 직무 설명자료를 제공해줍니다. '깜깜히' 채용에서 취준생들이 충분히 준비할 수 있는 시간을 미리 주는 것이죠. 이 방식은 구직자들이 직무수행과 관련된 교육, 활동, 경험·경력 등을 기재하도록 한 것이 특징입니다.

그렇다면 구직자들의 학력, 학점, 어학실력도 모르는데 기업 입장에서는 어떻게 능력을 판단하고 채용합니까? 맞는 말씀입니다. 아무래도 구직자들의 실력이나 직무능력을 파악하는데 어려움이 많이 있겠죠.

이 때문에 자기소개서와 직무기술서를 제출해 심사를 강화하도록 보완하고 있습니다. 자기소개서와 직무기술서를 꼼꼼히 살펴보겠다는 것입니다. 블라인드 채용이 보편화되기 이전에는 자기소개서에 직무와 무관한 성장과정이나 성격과 같은 사항을 천편일률적으로 적었습니다. 그러나 이제는 공공기관 또는 기업의 인재상에 따라 기본적으로 갖추어야 하는 역량과 관련 경험을 기술하도록 하고 있습니다.

블라인드 채용의 또 다른 특징은 직무능력평가를 도입한 것입니다. 전공시험을 폐지하고 직무능력 테스트형 직무능력평가를 도입했습니다. 기존 필기시험을 개선한 것을 의미하며, 직무수행에 필요한 언어논리, 자료 해석력, 문제해결능력 등을 중심으로 평가 방식이 바뀌었습니다.

역량과 인성 중심의 면접시험 방법도 개선했습니다. 전문적인 평가기법에 의한 역량면접을 도입했으며, 심층 인성면접을 도입해 직무가 우수한 인재를 채용하도록 했습니다. 역량면접에서는 직무역량과 관련된 경험을 질문하는 경험면접, 문제해결능력과 상황 판단력을 평가하는 상황면접, 설득력과 커뮤니케이션 능력을 평가하는 프리젠테이션 등 다양한 면접기법을 활용해 평가의 신뢰성 및 타당성을 확보하고자 노력한 것입니다.

학력이 아닌 능력에 따라 일할 수 있는 기회를 보장하기 위한 것이 기존 채용방식과 블라인드 채용방식의 가장 큰 차이점이라 할 수 있습니다.

	기존 채용 방식	능력중심 채용 방식
채용 공고	• 행정직 00명, 기술직 00명 등 단순기초정보 제공	• 채용 분야별 필요한 직무 명세 (NCS기반), 채용전형 등 사전 공개 (모집 직무별 '직무 설명자료' 첨부)
서류 전형	• 직무와 무관한 인적사항 (가족사항, 학력, 본적, 취미·특기 등) • 직무와 무관한 스펙 (해외봉사, 토익 등) • 자전적 자기소개서	• 직무와 무관한 인적사항은 최소화 • 직무관련 스펙 (직무관련 교육·자격·경험 및 경력 등) • 직무관련·경험 중심 자기소개서
필기 전형	• 인성·적성 평가, 단순지식 측정 필기시험 등	• 직무능력 측정 중심의 필기평가 (직무관련 상황 및 문항 설정)
면접 전형	• 비구조화 면접(취미, 성장배경 등 직무와 무관한 일상적 질문)	• 직무능력 평가 중심의 구조화 면접 (직무관련 질문 및 유형으로 구성)

출처 : 고용노동부·한국산업인력공단(2016). NCS 기반 능력중심채용 가이드북.

PART 2
블라인드 채용 준비과정

PART 2. 블라인드 채용 준비과정

1강. 어떻게 준비하죠?

서울 A대학 2학년 취업준비생 B군. 그는 취업하고자 하는 공기업이 명확했습니다. 에너지 관련 C공기업에 입사하고 싶었습니다. B군은 우선 그 공기업의 채용 공고문을 입수해 핵심 직무, 직무수행 내용 등 정보를 파악했습니다. 관련된 내용을 중심으로 전공과목을 수강했으며, 실무와 관련된 아르바이트와 취미 활동 등을 시작했습니다. C공기업의 전형 방법, 교육 여건, 필요 지식 및 기술, 직무수행태도, 직업기초능력 등을 명확하게 파악하고, 직무 역량과 관련해 온스펙(On Spec)으로 취업을 준비해 2년 만에 입사할 수 있었습니다. 입사 후에도 곧바로 실제 업무에 투입돼 훨씬 효율적 업무를 수행하고 있다는 평가를 받고 있습니다.

취업준비생 여러분!

블라인드 채용 준비 어떻게 해야 할지 막막하시죠?

정부가 가이드라인을 발표했다고 하지만 그동안 필기시험에만 익숙해져 있기 때문에 새로운 블라인드 채용 방식을 익히기가 쉽지 않을 겁니다. 하지만 걱정 마세요. 직무와 관련된 부분만 집중하면 되니까요.

블라인드 채용 준비를 위해서는 먼저 목표 직무를 설정하는 것이 중요합니다. 다음으로는 필요한 직무 준비 → 직무 설명자료 분석 → 채용전형·평가기준 참고 → 본격적인 시험 준비 식으로 하면 됩니다.

각 단계별 준비 과정입니다.

① 목표 직무 설정 : 워크넷(www.work.go.kr)에서 직업진로, 직업심리검사, 직업정보 등을 활용해 목표 직무를 설정합니다.

② 목표 직무와 관련된 교육 · 자격 · 경험 및 경력 사항을 사전에 준비하세요.

③ 채용공고문 또는 NCS 능력중심채용 사이트(onspec.ncs.go.kr)에서 '직무기술서'를 확인해 직무에 필요한 구체적인 지식 · 기술 · 태도(KSA) 등을 파악합니다.

④ 채용공고에 안내되어 있는 평가기준과 채용전형을 바탕으로 본격 준비합니다.

예를 들어 한국산업인력공단 취업을 희망한다면, 공단 채용 공고문 또는 채용 직무기술서 등을 먼저 파악한 뒤 취업 준비를 하시면 됩니다. 직무기술서 등은 몇 년 뒤에도 비슷합니다. 이 때문에 미리 취업을 희망하는 공공기관의 원하는 인재상과 직무에 필요한 구체적인 준비 방향 등을 파악해 준비하세요.

취업만을 목표로 공부만 하는 취준생이 있는데, 그것보다는 먼저 희망 기업을 파악한 뒤 그에 맞게 직무와 자신의 비전을 연결시키는 것이 중요합니다. 취업문을 여는 열쇠는, 나가고자 하는 분야에 대한 절실함, 성실한 태도에 달려있습니다. 최선을 다해도 기대치에 미치지 못하는 경우가 있지만, 결코 달성하지 못하는 것은 아닙니다. 언젠가는 그 꿈과 희망을 달성할 수 있습니다. 단, 포기하지 않고 노력을 계속 한다면요.

책상 앞에서 스펙 쌓기에만 열중하는 것이 아니라, 내가 원하는 일과 취미생활을 하면서 자신이 하고 싶은 일을 차분히 준비하는 것도 오히려 블라인드 채용 취지와 맞습니다. 흥미 있는 분야에 대한 연구나 개발을 한 사람에게 기회가 더 많은 것이 블라인드 채용방식입니다.

블라인드 채용 방식으로 취업을 하기 위해서는 선택과 집중이 중요합니다. 기업의 입장에서는 직무능력을 갖춘 사람을 원하기 때문에 응시자들은 자신의 희망 분야 취업을 위해서는 직무 관련 역량을 기르는 것이 필요합니다. 모든 일을 잘하는 저널리스트보다 한 가지 일에 전문화된 스페셜리스트를 선호합니다. 한 우물만 파야 합니다.

기업의 입장에서는 해당 직무에 관심이 없이 지원을 하는 허수를 거를 수 있기 때문에 좋습니다. 취준생 입장에서는 무작정 스펙을 쌓지 않고 자신이 원하는 직무만 공부를 하면 되기 때문에 오히려 부담이 줄어들었다고 볼 수 있습니다.

앞으로 전개될 직업변화의 속도와 다양성은 더욱 빨라질 것입니다. 과도하거나 불필요한 스펙(Over 스펙)이 아니라 해당 직무에 적합한 스펙(On 스펙)을 갖추는 사람을 뽑을 것입니다. 취준생들은 지원하는 기업의 홈페이지, 블로그, 페이스북 등 SNS에 회원으로 반드시 가입하세요.

직업에 대한 정보는 워크넷(www.work.go.kr)에서 파악하면 됩니다. 하는 일, 필요능력, 전망 등을 구체적으로 찾아볼 수 있습니다.

실무(직무) 경험을 쌓고 싶을 때는, **청년내일채움공제(www.work.go.kr/youngtomorrow)** 사이트 등을 방문하면 됩니다. 정해진 기간 동안 기업체 근무 기회를 얻을 수 있습니다. 해당기업의 정규직 전환 혜택도 기대할 수 있고, 추후 기업의 조직생활 경험과 직무경험을 동시에 어필할 수 있는 능력을 쌓게 됩니다.

블라인드 채용 또는 NCS 채용과 관련해 더 자세한 내용을 알고 싶으면, **NCS 국가직무능력표준(www.ncs.go.kr)** 사이트에서 필요한 자료를 받아 참고하면 됩니다.

HRD-Net(www.hrd.go.kr)에서는 NCS 기반 직업능력개발훈련과정을 업로드하고 있어 훈련기관별 훈련과정을 살펴볼 수 있습니다.

취준생들의 합격을 기원합니다!

소중한 것을 얻기 위해서는 많은 시간을 투자해야 하고 노력도 해야 합니다. 뜻이 있는 곳에 길이 있습니다. 입사하려는 기업에 대해 열정을 가져야 합니다. 꼭 입사하겠다는 의지를 가진다면 언젠가는 합격이란 선물로 돌아올 것입니다.

2강. 지원 분야 사전준비

희망 공공기관 분석

지원희망 기업 및 공공기관의 채용공고와 채용 관련 정보 수집, 필기·면접시험을 먼저 분석해야 합니다. 그 중 중요한 것은 해당 기업 및 공공기관의 '원하는 인재상' 입니다. 취업준비생 여러분들이 그 기관·기업에 맞는 인재인지, 기업이 원하는 직무와 필요한 소양이 무엇인지 파악하고, 자신이 얼마나 적합한 지 판단하는 것이 우선이죠. 맞다 판단되면, 목표를 정하고 취업을 해야겠죠.

또한 희망 공공기관 또는 기업의 원하는 필요 역량은 무엇이며, 핵심직무역량은 무엇을 요구하는 지 파악하는 것도 중요합니다. 내가 어떤 일을 하면서 살 것인지 먼저 설정한 뒤 그에 맞는 회사와 산업을 파악하고, 그에 맞춰서 준비하는 것이 빨리 취업할 수 있는 지름길입니다.

공공기관 및 기업의 비전, 미션 그리고 핵심가치 및 기업이 원하는 인재상은 중요합니다. 공공기관 및 기업의 비전을 알아야 기업에 맞는 자신의 목적을 발견하고 기술할 수가 있습니다. 기업의 핵심가치는 과거 경험을 통해 준비했던 역량, 아니면 현재 내가 가지고 있는, 가장 자랑할 만한 핵심역량을 접목시키는 것이 필요합니다. 기업의 핵심가치와 나만의 핵심키워드, 나만의 강점 등을 연결하는 것을 고민해 보세요.

지원 기업과 관련해 최근 보도된 관련기사 및 시사적인 내용 등을 분석하고 정리하는 것도 필요합니다. 관련기사를 통해 내가 지원한 기관 및 기업의 최근상황을 알게 되면 기업의 현재와 미래를 예측할 수가 있으며, 나의 미래의 위치도 알 수 있습니다.

취업 계획 수립

목표가 정해졌으면 학습모듈, 능력단위, 직무기술서 등을 살펴보면서 부족하다고 생각하는 지식, 기술, 태도를 보완하는 활동을 실시합니다. 예를 들어 만약 전공 지식이 부족하다면 학과목 수강 신청 시 전공 지식과 관련된 학과목을 신청하거나 관련 자격을 취득해야 합니다. 기술이 부족하다면 직무와 관련된 아르바이트나 인턴, 동아리 활동, 봉사 활동 등 다양한 경험이나 경력을 보강합니다. 직무와 관련된 태도를 형성하는 것도 잊지 말아야겠죠.

직무 관련 경험 체험

거창한 경험보다는 직무와의 연결고리가 중요합니다. 갈수록 직무 군에 맞춰서 전문화되는 방식으로 채용이 이루어질 것이기 때문입니다. 블라인드 채용에서 자기소개서 뿐 아니라 면접에서 단골로 등장하는 항목이 과거의 경험·경력과 직무 사이의 연관성입니다. 그런데 많은 경험을 쌓는 것도 좋지만, 직무와 무관하면 효율성이 떨어집니다. 블라인드 채용에서 사소한 경험이라도 직무와 연관되어 있다면 '훌륭한 경험'이라 할 수 있습니다.

사소한 경험이라고 생각했던 것들이 자신을 깊이 돌아보면 그것은 인생에서 중요한 경험이었고, 자기소개서를 차별화 시킬 만큼의 좋은 소재입니다. 우리나라 취업준비생들은 학생 시절 선택권이 없는 학창생활을 보내는 경우가 많지만, 그 학창생활 안에서도 강력한 동기는 늘 숨어 있다는 것을 잊지 말아야 합니다.

아무리 작고 사소한 경험일지라도, 그 경험을 통해 남과 다른 지혜와 통찰을 얻고 자기 성장이 이루어져 자신만의 철학을 갖게 되었다면, 그것은 남과 자기를 차별화 해주는 자신만의 콘텐츠이자, 남과 차별화된 자기소개서가 되는 것입니다.

직무역량은 책을 쌓아놓고 공부한다고 해서 길러지는 것은 아닙니다. 직무에 대한 다양한 경험을 해보는 것이 중요합니다. 교재를 사서 준비하는 것보다 평상시 또는 재학 중 직무 관련 프로그램과 직무경험을 자연스럽게 쌓고 경험하는 것이 좋습니다.

취업 체크리스트 작성

속담에 '구슬이 서 말이라도 꿰어야 보물'이라는 말이 있죠. 아무리 많은 경험과 경력이 있어도 지원하고자 하는 곳의 직무와 연관되지 않으면 안 됩니다. 이 때문에 취준생들은 하나하나 경력과 경험을 쌓는 것도 중요하지만, 의도적으로 취업 체크리스트를 만들어 체계적으로 취업을 준비하는 것이 더 중요합니다.

그러나 블라인드 채용을 새로 접하는 취업준비생들 입장에서는 명확히 어떤 준비를 어떻게 해야 하는 지 전혀 감을 잡지 못해 헤매는 경우가 많습니다. 이 때문에 평소의 경험과 경력을 적어놓은 취업 체크리스트를 만든다면, 자소서를 쓰는 데도 큰 어려움이 없을 것입니다. 취업 체크리스트를 만들어 하나하나 체크해 두고 작은 기억들도 어떤 직무와 연관 지을 지 잘 생각한 뒤 적용하면 될 것입니다. '경험 노트'를 만들어 겪은 일, 이를 통해서 얻은 교훈, 후일 일터에서 적용 가능한 포인트 등을 평소에 기록해두면 예상 외로 큰 도움이 될 수 있습니다.

관련 자격증 취득

지역이나 학력, 성별 등을 차별하지 않는 블라인드 채용이 확대되면서 이른바 '실무능력'이라고 할 수 있는 자격증의 중요성은 더욱 커지고 있습니다. 블라인드 채용이 되다보니 직무와 관련이 있는 자격증을 통해 그 사람의 직무능력을 파악할 수 있기 때문에 자격증 취득도 필수입니다. 자격증 시험은 취업에 필수적인 요소이지만 동시에 많은 비용이 들어 취준생들이 부담을 느끼기도 합니다.

그러나 취업 관련 자격증은 미리 취득하는 것이 필요합니다. 자격증은 어차피 평생 가져가야 할 우리 인생의 '액세서리' 같은 것입니다. 직무와 연관된 자격증을 미리 따놓으면 좋을 것입니다. 실제 채용 공고에서 해당 자격증이 없는 사람은 시험에 응시할 수 없는 경우도 있습니다.

여러 종류의 자격증을 가지고 있는 것도 취업에 좋지만, 특정 기술 분야의 회사에서는 여러 분야의 자격증보다는 그 직종에서의 높은 등급의 자격증을 가지고 있는 것을 더 선호합니다.

자신만의 스토리텔링

서류를 통과할 수 있는 기본적인 스펙과 인성을 갖추되, 자신이 지원하려는 공공기관 또는 회사의 인재상에 적합한 '나만의 스토리'를 갖춰 역량기술서 및 자기소개서를 작성하는 것이 합격을 위한 중요한 조건입니다.

취준생들은 자신이 가지고 있는 실무적 능력과 경험을 발견하고 찾아야 합니다. 그리고 그것을 자신 것으로 스토리텔링화해 상대방, 즉 인사담당관을 설득시켜야 합니다. 자신을 차별화시키는 방법은 구체적인 사례를 발굴해 여기에 인상적인 스토리로 옷을 입혀야 합니다. 스토리란 '사실에 감정을 입힌 것'이라고 말하죠. 세부적이고 구체적인 사례에 감정을 실어 인상적인 스토리로 만든다면 면접위원의 흥미를 불러올 수 있습니다. '경험'에 '스토리'를 입혀야 하는 것입니다.

국토의 25% 정도가 바다보다 낮아 제방이 낮은 네덜란드에는, 한 소년이 물이 새나오는 제방을 발견하고 밤새 손으로 막아 마을이 물에 잠기는 것을 막았다는 한스 브링카에 관한 영웅담이 있습니다. 이를 기리는 동상도 세워져 있습니다. 그러나 이 영웅담은 실제 상황이 아니며, 140여 년 전 미국의 작가 마리 메이프스드지가 쓴 동화가 네덜란드로 전해지면서 실존했던 인물로 덧칠되었고, 그 지방의 특성과 결부돼 유용한 관광자원이 된 것입니다.

위 사례를 보면 스토리가 얼마나 중요한지 알겠죠.

● 취업 Note

【 취업 목표/전략 설정 】

■ 희망 기업

입사하기를 원하는 희망기업에 대해 써보세요.

1. 희망기업 :
   선택이유 :

   인 재 상 :

   핵심가치 :

2. 희망기업 :
   선택이유 :

   인 재 상 :

   핵심가치 :

3. 희망기업 :
   선택이유 :

   인 재 상 :

   핵심가치 :

■ **희망 직무**

희망 직무에 대해 써보세요.

1. 희망직무 :

　　선택이유 :

2. 희망직무 :

　　선택이유 :

3. 희망직무 :

　　선택이유 :

■ **check**

1. 희망 기업의 직무 설명 자료를 확보하셨나요?.

2. 기업 홈페이지를 통해 비전, 목표, 조직도, 사업영역, 업무분장표 등 기업의 사업영역과 비전 등을 파악하셨나요?

3. 공공기관 경영정보 공개시스템(www.alio.go.kr)에서 정보를 확인하셨나요?.

4. 희망직무에 대한 정보를 NCS 홈페이지(www.ncs.go.kr) 에서 찾아 직무의 자격요건, 직무특성 등을 파악하셨나요?

3강. 사이트 활용

NCS 홈페이지

【국가직무능력표준(NCS) 사이트】

① NCS 홈페이지 접속 · 로그인

- 국가직무능력표준 홈페이지 주소(http://www.ncs.go.kr) 를 방문하세요.
- 국가직무능력표준 홈페이지 회원이 아닌 경우, 회원가입 절차에 따라 회원 등록을 하십시오. 회원 등록을 하기 전 페이지입니다.

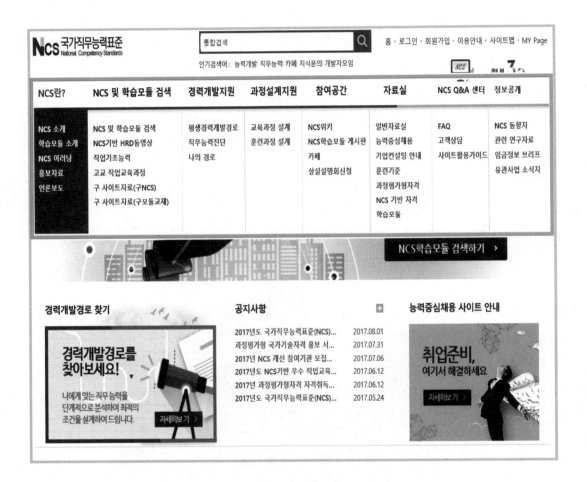

② NCS 희망 직무 검색

- 회원등록을 한 후 로그인을 한 페이지입니다. 추천 콘텐츠나 나의 활동 내역 등이 나와 있습니다. 저의 평생경력개발은 언론홍보와 위기대응커뮤니케이션 Director로 나오네요. 저는 기자 출신이고, 위기대응과 관련해 어느 정도 공부를 했기 때문에 저

의 평생경력을 이렇게 갔으면 한다는 것을 의미합니다. 즉 한 분야의 전문가, 마이스터가 되려면 언론홍보와 관련된 일을 하라는 것입니다(현재 그 일도 하고 있죠).

- 분야별로 검색할 수 있는 화면이 나왔습니다. 분야별 검색 → 중/소분류 선택 → 세분류 선택 순으로 취준생 여러분이 관심 있는 분야를 검색하면 됩니다.
- 이 방법 외에 키워드별, 코드별로 NCS 및 학습모듈을 검색할 수 있습니다. 관심 있는 NCS를 찾아보려면, 메인메뉴 NCS 및 학습모듈 검색 → NCS 및 학습모듈 검색으로 이동하면 됩니다. 키워드 검색과 분야별 검색을 주로 활용하면 좋습니다.
- 국가직무능력표준 분류체계를 참고해 관련 대분류, 중분류, 소분류, 세분류, 능력단위를 클릭하면서 직무분류 결과에 해당하는 능력단위를 검색하세요.
- 검색한 능력단위를 클릭하면, 해당 능력단위의 NCS 능력단위, NCS 학습모듈, 활용패키지를 다운로드하는 페이지로 이동이 됩니다. 관련 내용을 다운로드 받은 뒤 정보를 파악하고 분석하세요.

• 키워드로 검색한 것입니다. 자신이 원하는 분야를 키워드로 검색해봅시다.

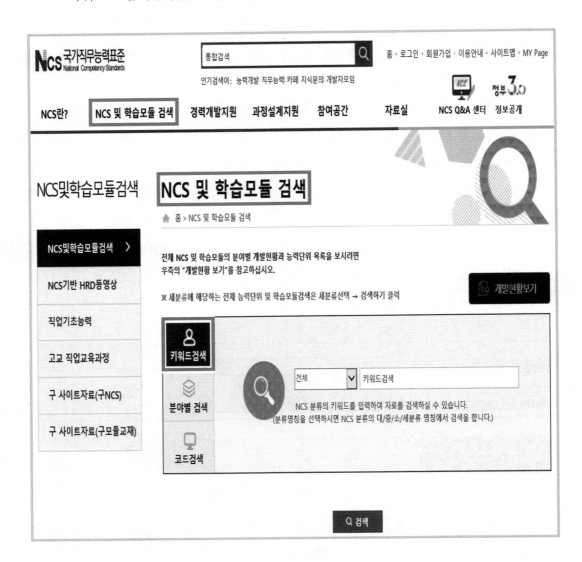

• 원하는 직종을 분야별로 검색한 화면입니다. 사업관리, 경영회계 · 사무, 화학 등 24개 분야로 나뉘어져 있습니다.

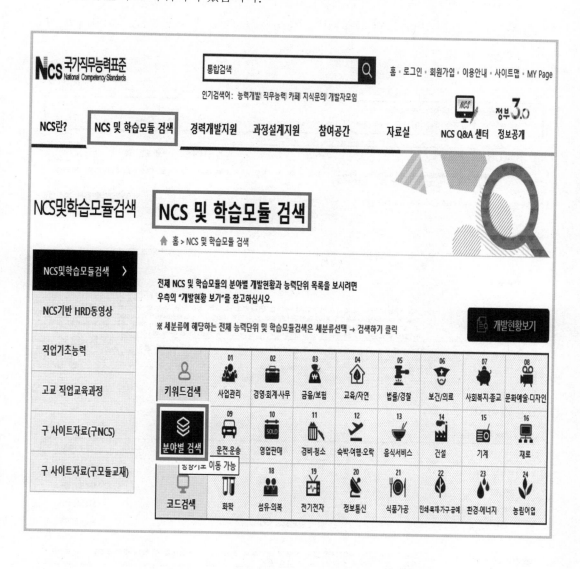

- 만약, 언론홍보가 관심 분야라면 분야별 검색에서 경영.회계.사무(대분류) → 기획 사무(중분류) → 홍보.광고(소분류) → 기업홍보(세분류) → 언론홍보(능력단위) 순으로 나옵니다. 다음처럼 표시되며, 직무기술서와 출제기준 등을 참조한다면 시험에 도움이 되겠죠.

언론 홍보 능력단위 검색결과입니다.
📍 02.경영·회계·사무 > 01.기획사무 > 02.홍보·광고 > 01.기업홍보 > 05.언론 홍보

능력단위명	언론 홍보		수준	5	첨부파일		
능력단위 정의	언론 홍보는 기업이 의도하는 이슈를 언론을 통해 뉴스화할 수 있도록 홍보 계획 수립, 언론 네트워크 구축, 홍보 활동 전개, 활동 평가를 하는 능력이다.						

※ Pdf 파일이 보이지 않으시면 우측의 Adobe Reader를 다운 받아 설치하시기 바랍니다.　　　　　Adobe Reader 다운로드

환경분석

구분	첨부파일
환경분석	

NCS 학습모듈

NCS 학습모듈은 교육훈련기관에서 출처를 명시하고 교육적 목적으로 활용할 수 있습니다. 다만 NCS 학습 모듈에는 국가(교육부)가 저작재산권 일체를 보유하지 않은 저작물들(출처가 표기되어 있는 도표, 사진, 삽화, 도면 등)이 포함되어 있으므로 이러한 저작물들의 변형, 복제, 공연, 배포, 공중 송신 등과 이러한 저작물들을 활용한 2차 저작물의 생성을 위해서는 원저작자의 동의를 받아야 합니다.

순번	학습모듈명	분류번호	능력단위명	첨부파일
1	언론홍보	0201020105_13v1	언론 홍보	

활용패키지

1.평생경력개발경로

구분	콘텐츠	첨부파일
경력개발경로 모형		
직무기술서		
자가진단도구		
체크리스트	언론홍보 Master	

2.훈련기준(시안)

훈련기준(시안)은 NCS개발 당시 작성된 초안으로, 훈련기관에서 활용할 수 있는 훈련기준은 NCS홈페이지 자료실-훈련기준에서 확인하실 수 있습니다.

구분	첨부파일
훈련기준	

3.출제기준(시안)

구분	첨부파일
출제기준	

● 취업 Note

【 학습교재 찾는 방법 】

저는 언론·홍보가 관심 분야이기 때문에 이 부분을 찾는다고 가정해보겠습니다. 이 분야는 위에서 설명한 것처럼 분야별 검색에서 경영.회계.사무(대분류) → 기획사무(중분류) → 홍보.광고(소분류) → 기업홍보(세분류) → 언론홍보(능력단위) 순으로 나옵니다. 다음으로 NCS 학습모듈 자료를 다운로드 받으면 됩니다. 이 부분만 제대로 알아도 취준생 여러분의 희망 직무를 거의 파악할 수 있습니다.

언론홍보 학습모듈 자료에는 개요, 홍보계획 수립하기, 언론네트워크 구축하기, 홍보활동 전개하기, 언론홍보활동 평가하기 등 다양한 내용이 담겨져 있습니다.

다른 어떤 교재보다 자세히 나와 있으니, 괜히 비싼 돈 들여 교재 사지 마세요. 말 그대로 그 분야 직무의 교과서라고 할 수 있습니다.

• 고교생들은 고교 직업교육과정을 통해 자신의 원하는 직종의 일을 할 수 있습니다. 교과목별로 제공하는 NCS 능력단위는 해당 교과목 구성 시 반영된 NCS를 정리, 제공하고 있습니다.

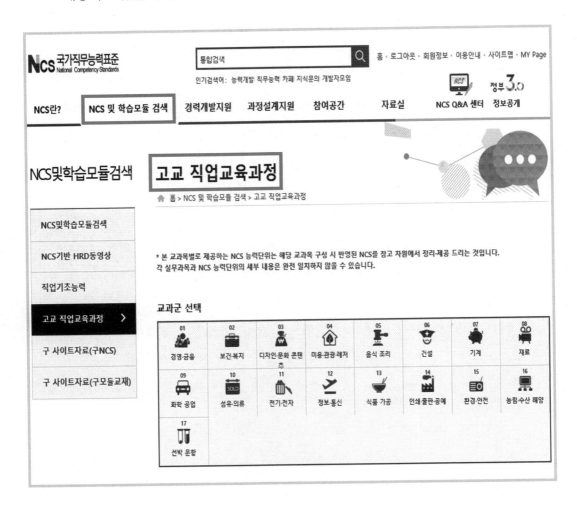

③ NCS 검색결과 활용

- NCS 능력단위, NCS 학습모듈, 활용패키지 등 항목별로 첨부파일을 다운로드해 활용해 봅니다.

- 아래 사례는 대분류 전기·전자 분야, 중분류 전자기기일반, 소분류 전자제품개발 기획·생산, 세분류 전자제품생산에 대한 학습모듈을 검색했습니다. 취준생 여러 분이 능력단위 별로 원하는 분야를 선택한 뒤 자료를 보관해 나중에 활용하시면 됩니다.

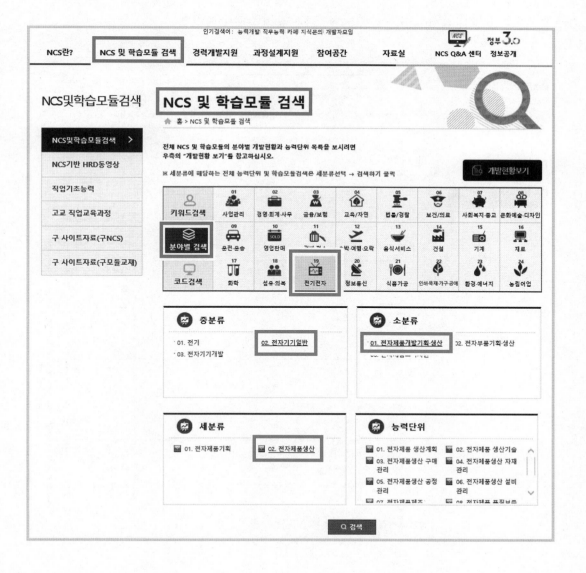

④ 선택파일 콘텐츠에 담기 및 활용

- 체크박스를 활용해 환경분석, NCS 학습모듈 등을 선택
- 선택파일 콘텐츠담기 버튼을 클릭해 선택한 자료의 목록 저장
- 메인메뉴 Mypage → 내 서재로 이동해 저장된 자료 목록에서 조합해 활용할 자료 선택
- 활용할 자료를 선택 후, 콘텐츠 조합 버튼을 클릭하고, 제목창에서 제목을 입력하면 해당 제목으로 조합된 자료가 내 서재에 등록
- 내 서재 하단에서 등록된 자료를 확인 및 다운로드해 활용

⑤ 평생경력개발경로 활용

- 메인메뉴 경력개발지원 → 평생경력개발경로로 이동해 분류선택 항목에서 대분류, 중분류, 소분류를 선택 입력
- 조회 버튼을 클릭하면 해당 소분류의 직무별 직책명이 조회되며, 경력개발경로를 마우스로 클릭해 설정
- 저장하기 버튼을 클릭하고 제목을 입력하면 해당 경력개발경로가 경력개발지원 → 나의경로에 저장

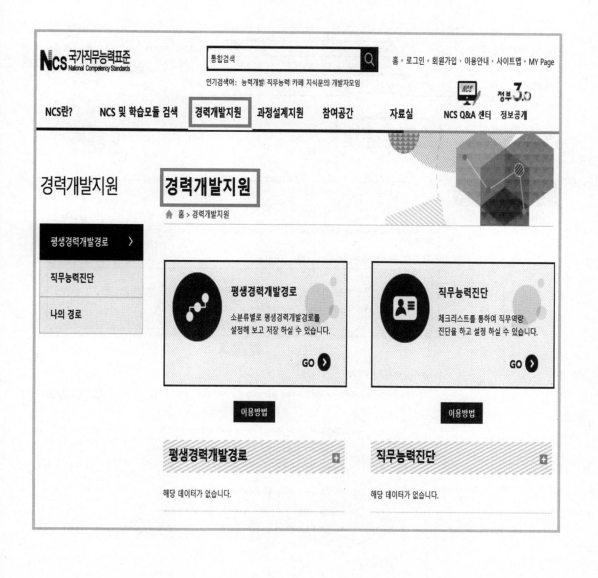

⑥ 직무능력진단 활용

- 메인메뉴 경력개발지원 → 직무능력진단으로 이동해 분류선택 항목에서 대분류, 중분류, 소분류, 세분류 및 직급을 선택해 입력한 후, 검색 버튼을 클릭하면 체크리스트 작성 페이지로 이동
- 직업기초능력 및 직무수행능력 항목에서 각 영역의 문항별 수행능력을 5점 척도로 입력
- 결과보기를 클릭해 평가결과 및 승진·전직 가능한 직급리스트 확인

⑦ 직업기초능력 활용

- 메인메뉴 자료실 → 직업기초능력으로 이동해 직업기초능력 목록에서 필요한 항목 클릭
- 해당 직업기초능력의 정의와 세부내용을 확인할 수 있으며, 교수자용 자료 및 학습자용 자료를 다운로드해 활용 가능

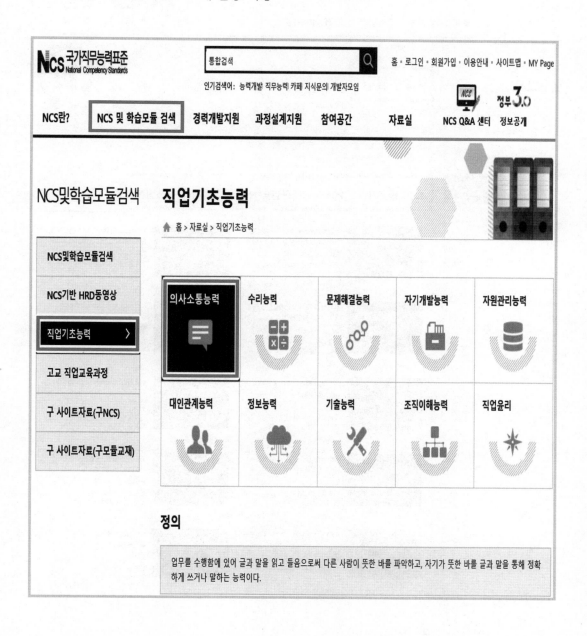

⑧ NCS 이러닝 활용

• 메인메뉴 소개 → NCS 이러닝 항목에서 단계별 필요한 이러닝 자료를 클릭해 활용

능력중심채용 사이트

능력중심채용 사이트(http://onspec.ncs.go.kr)에서는 공공기관 채용정보는 물론 취업 준비에 필요한 학습 방법 등을 제시하고 있습니다. 취준생은 이 사이트를 방문해 실시간 채용공고, 필기시험 유형, 합격자 인터뷰 등 다양한 정보를 파악할 수 있습니다.

① 능력중심채용 사이트 홈페이지 접속
- 능력중심채용 홈페이지 주소: http://onspec.ncs.go.kr

② 능력중심채용 정보마당

- 실시간 채용공고
- 합격자 인터뷰
- 능력중심채용 합격 TIP 등을 볼 수 있습니다.

능력중심채용 정보마당

능력중심채용 정보마당입니다.

실시간 채용공고 +

- 2017년도 주택관리공단 익산권역관⋯ 2017-08-11 마감 진행중
- 2017년도 주택관리공단 정읍권역관⋯ 2017-08-11 마감 진행중
- 2017년도 한국전력기술주식회사 채⋯ 2017-08-11 마감 진행중
- 2017년도 한국교육개발원 채용공고⋯ 2017-08-15 마감 진행중
- 2017년도 한국청소년활동진흥원 채⋯ 2017-08-17 마감 진행중

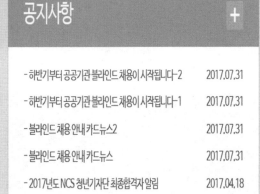

공지사항 +

- 하반기부터 공공기관 블라인드 채용이 시작됩니다-2 2017.07.31
- 하반기부터 공공기관 블라인드 채용이 시작됩니다-1 2017.07.31
- 블라인드 채용 안내 카드뉴스2 2017.07.31
- 블라인드 채용 안내 카드뉴스 2017.07.31
- 2017년도 NCS 청년기자단 최종합격자 알림 2017.04.18

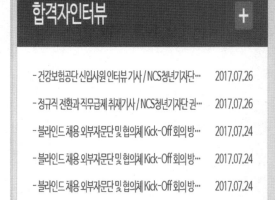

합격자인터뷰 +

- 건강보험공단 신입사원 인터뷰 기사 / NCS청년기자단⋯ 2017.07.26
- 정규직 전환과 직무급제 취재기사 / NCS청년기자단 권⋯ 2017.07.26
- 블라인드 채용 외부자문단 및 협의체 Kick-Off 회의방⋯ 2017.07.24
- 블라인드 채용 외부자문단 및 협의체 Kick-Off 회의방⋯ 2017.07.24
- 블라인드 채용 외부자문단 및 협의체 Kick-Off 회의방⋯ 2017.07.24

능력중심채용 합격TIP +

[대한민국 NCS 사용설명서 161230] 'NCS상설설명회'

7.5합동 대책 발표_KTV 고용 노동부 차관 '블라인드 채용 추진방안' 발표 영상

③ 능력중심채용전형 이해하기

- 채용공고문
- 입사지원서
- 필기평가
- 면접평가 등을 통해 공공기관이 원하는 직무능력을 확인할 수 있습니다.

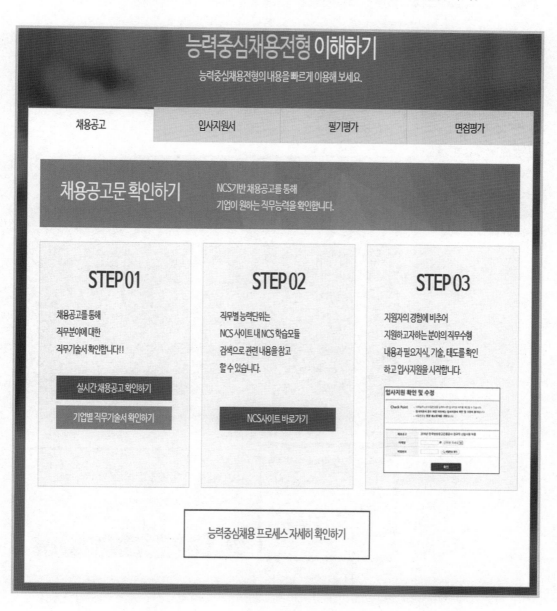

④ 능력중심채용 준비

• 직무설정단계

－ 직무설정단계에서는 진로탐색 및 선택을 할 수 있습니다.

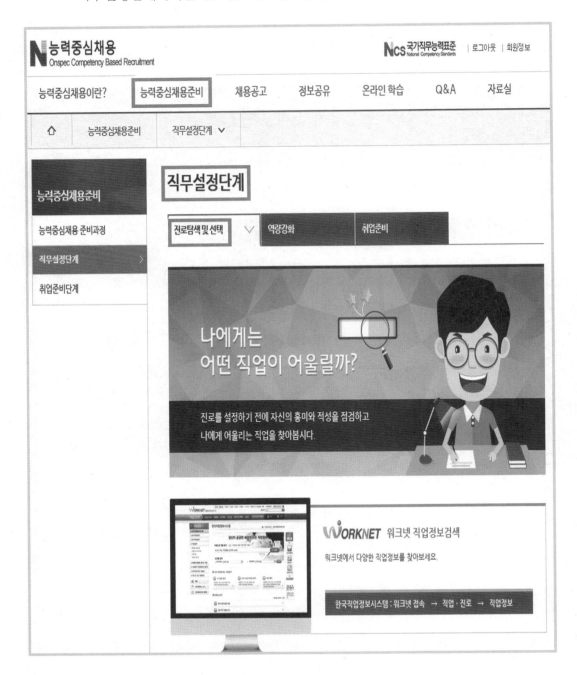

– 공공기관이 원하는 역량이 무엇이고, 이를 위해 해야 할 일들을 파악할 수 있습니다.

– 역량을 파악했다면 구체적으로 취업준비에 돌입합니다.

- 취업준비단계
  - 우선 채용공고문을 살펴봅니다.

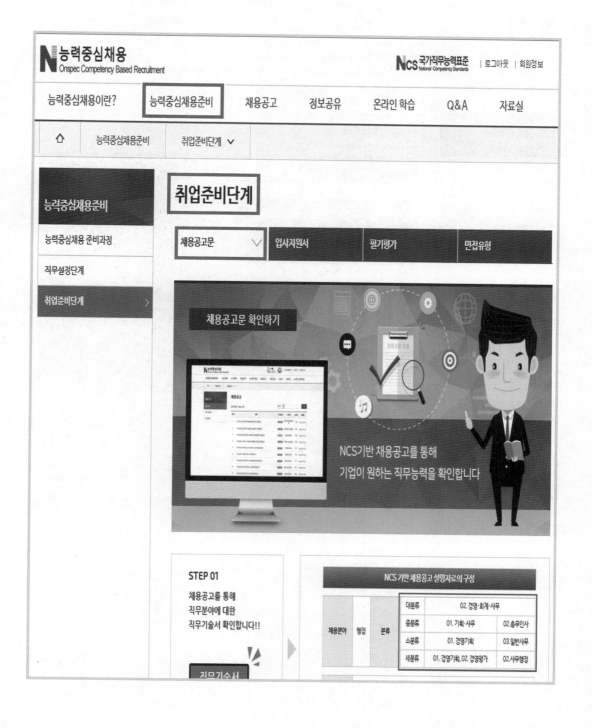

– 입사지원서는 어떤 형식으로 작성할까요?

– 필기평가의 유형도 살펴볼 수 있습니다.

– 구조화된 면접 유형도 파악해 블라인드 면접에 대비해야 합니다.

공공기관 정보 공개 사이트

공공기관에 대한 경영정보나 임금 등에 대해 알고 싶으면 기획재정부가 운영하는 공공기관 경영정보 공개시스템 알리오 사이트(http://www.alio.go.kr)를 방문하면 됩니다. 이 사이트에는 대한민국 공공기관 332개의 현황이 자세하게 나와 있습니다. 공공기관별 연간·분기별 통합보고서도 있습니다. 이 보고서에는 일반현황, 임직원수, 신입사원 초임, 재무정보, 복리후생비 등 주요 정보를 통합 제공하고 있죠. 취준생이 원하는 공공기관이 있다면 사전에 충분히 조사하고 지원해보도록 하세요. 직원들의 평균보수와 채용인원 등 기관별 상세통계자료도 제공하고 있습니다.

또한 공공기관 채용정보시스템 잡-알리오(https://job.alio.go.kr)에는 채용 규모 및 공공기관 채용정보 박람회 등 다양한 채용 정보가 담겨져 있습니다. 공공기관의 모든 채용공고를 실시간으로 확인할 수 있습니다. 고용형태별(정규직, 비정규직), 직군별(금융, 회계 등), 지역별 검색이 가능합니다.

공공기관 정보공개사이트 알리오 활용법입니다.

① 먼저 알리오 시스템에 들어갑니다. 모든 공공기관별 임직원 현황, 신규채용 현황, 임원평균 연봉, 직원평균보수, 복리후생비 등을 한꺼번에 알 수 있습니다.

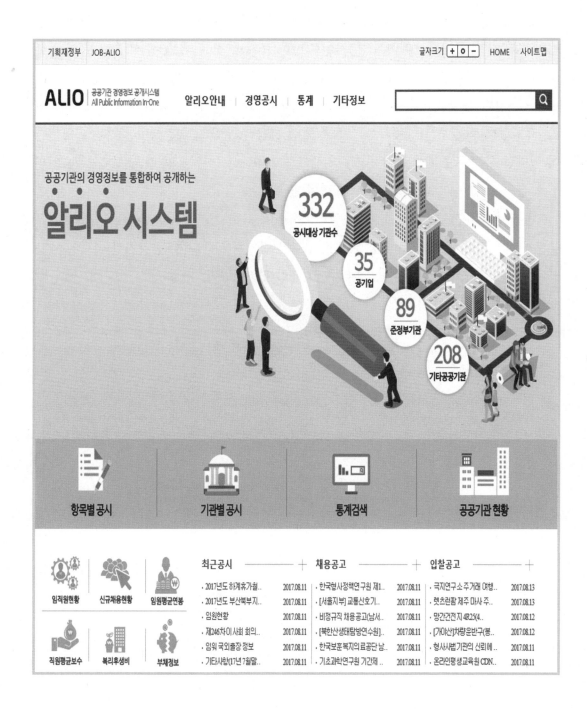

② 공공기관 지정 현황이 나와 있습니다. 2017년에는 332개의 공공기관이 있습니다. 공기업과 준정부기관, 기타공공기관에 대한 정의와 현황 등이 자세히 설명되어 있어 취업을 원하는 기관정보를 미리 파악할 수 있습니다.

③ 원하는 공공기관의 임금정보 등을 확인할 수 있습니다.

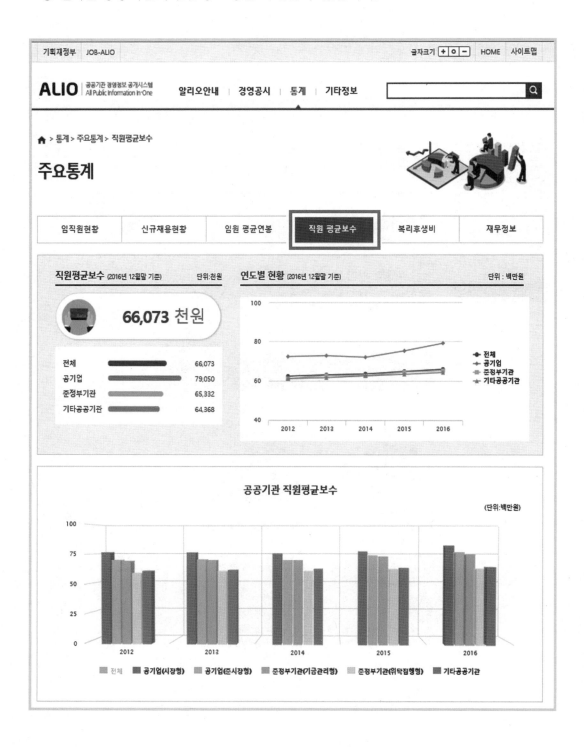

④ 잡–알리오 사이트에서는 채용정보를 상세히 파악할 수 있습니다.

⑤ 취준생이 원하는 공공기관이 있다면, 그 기관을 검색해보세요.

사기업 상장회사 공개 사이트

일반 사기업의 상장회사인 경우 금융감독원 전자공시시스템(http://dart.fss.or.kr/)을 통해 기업의 사업내용을 파악할 수 있습니다.

PART 3
서류전형 및 필기시험

PART 3. 서류전형 및 필기시험

　기업 및 공공기관은 NCS를 활용해 직무를 분석하고 핵심능력을 찾아내 이를 채용공고로 사전 공개하고 있습니다. 취업준비생은 채용 공고에서 제시된 기준에 따라 해당 직무에 맞는 스펙을 준비하면 됩니다. 달라진 것은 불필요한 Over 스펙 ⇒ 필요한 On 스펙으로 바뀌었다는 것입니다. 직무 수행과 유관한 경력이나 경험 등이 중요해졌습니다.

　블라인드 채용은 채용공고 → 서류전형 → 필기평가 → 면접평가 → 최종 결정 순으로 진행됩니다.

- 채용공고 : 대상 직무와 NCS 간 매핑(Mapping)을 통해 직무능력을 분석한 뒤 공고하기 때문에 직무 수행 시 필요한 능력 파악 가능
- 서류전형 :개인 신상 정보가 아니라 지원 직무와 관련된 경력이나 경험 작성(NCS 기반 입사지원서, 직무능력소개서, 자기소개서)
- 필기평가 : NCS의 능력단위, 수행준거 등을 활용해 직업기초능력 및 직무수행능력의 핵심요소를 평가할 수 있는 문항을 개발해 적용
- 면접평가 : 직업기초능력과 직무수행능력을 다양한 면접도구를 활용해 평가하되, 각 기업 특성 등을 반영함
- 최종결정 : 각 단계별 결과를 취합해 최종 결과 산출 및 의사결정

〈 블라인드 채용 과정 〉

단계	강조점

채용 공고	• 직무와 개인 능력 중심
	• 구체적 직무 제시
	  – 지식 : K(Knowledge)
	  – 기술 : S(Skill)
	  – 태도 : A(Attitude)

서류 전형	• 개인 신상 보다 직무 요건이 초점 • 직무관련 경험 · 경력 중심 자기소개서 • 직무기술서 중요
필기 전형	• 직업기초능력 필기 검사 • 직무수행능력 필기 검사

면접 전형	• 직무 능력에 대한 평가
	• 쌍방향적 면접의 기회 제공
	• 구조화 면접
	• 면접 종류
	  – 직무능력과 관련된 경험(경험면접)
	  – 업무수행과정에서 발생 가능한 상황대처방법(상황면접)
	  – 특정 직무관련 주제에 대한 의견(PT, 집단토론) 등

1강. 서류전형

서류전형은 크게 인적사항과 직무와 관련된 교육, 자격, 경력 및 경험사항의 직무관련 스펙을 확인하기 위한 입사지원서와 자기소개서, 직무소개서로 구성되어 있습니다.

구분	주요 내용
입사지원서	1. 인적사항(지원자 식별 및 관리 위한 최소 정보) 2. 교육(NCS 교육 훈련 사항) 3. 자격(NCS 관련 자격 사항) 4. 경력 및 경험(NCS 관련 경력과 경험)
자기소개서	1. 직무 역량과 관련된 자기소개서 • 자기 일대기를 기술하는 방법이 아닌 해당 지원자의 지원 동기(조직/직무) 및 조직적합성(핵심가치/인재상), 직업기초능력을 평가하기 위한 질문 문항으로 구성 2. 면접에서 지원자에 대한 이해자료로 활용
직무소개서	1. 경험기술서 • 일정한 임금 없이 직무와 관련된 활동을 했던 내용 • 입사지원서에 기술한 직무관련 경험 내용을 상세히 기술 • 본인이 수행한 활동 내용, 조직이나 활동에서의 역할, 활동 결과 2. 경력기술서 • 조직에 소속되어 일정한 임금을 받으면서 일했던 내용 • 입사지원서에 기술한 직무 관련 경력 내용을 상세히 기술 • 본인이 수행한 직무와 관련된 활동, 경험, 수행 내용 및 역할, 구체적 행동, 주요 성과

달라진 서류전형

블라인드 채용, 즉 NCS를 기반으로 하는 능력중심채용은 기존의 서류-필기-면접 등 3단계 전형의 틀에 큰 변화를 주었습니다.

서류 전형에서는 직무와 관련성이 낮은 항목을 최소화 하고 직무 관련성이 높은 사항을 적도록 했습니다. 업무와 관련된 대외활동 또는 취미활동, 자격증 등 경험을 통한 자신의 업무능률성을 강조해야 좀 더 좋은 평가를 받을 수 있습니다.

필기시험에도 변화가 있습니다. 이론보다 실무에 필요한 업무 지식과 능력만을 평가하기 때문에 실무와 관련된 지식을 많이 알 필요가 높아졌습니다.

면접에서는 직무와 관련된 질문을 구조화 방식으로 묻습니다. 경험에 따른 능력과 업무의 효율성을 위한 대처법을 주로 질문합니다.

블라인드 채용에서는 **채용 공고에 큰 변화**가 있습니다.

공공기관은 모집 분야별로 NCS를 통해 직무특성에 맞는 능력요소를 뽑아냅니다. 채용공고는 직무수행 내용과 필요지식, 필요기술, 직무수행 태도, 필요자격, 직업기초능력 등을 상세히 구분해서 채용공고를 작성합니다.

기존 채용 공고는 '행정직 ○명', '기술직 ○명' 등으로 간단한 정보를 제공하는 방식이었습니다. 모집 분야에 대한 명확한 직무 관련 정보와 평가 기준이 없었습니다. 취업준비생은 명확한 채용 기준이 없기 때문에 무분별한 스펙을 쌓아야 했었죠.

반면 블라인드 채용은 채용 분야별 필요한 직무 능력을 사전에 공개하는 방식으로 진행됩니다. 인사담당자, 직무 및 채용전문가가 모여 직무분석을 한 뒤 채용 공고를 냅니다. 직무 분석결과를 바탕으로 입사 후 수행할 업무를 자세히 공지합니다.

지원 공공기관이 원하는 인재상을 미리 제시해 이에 맞게 시험을 준비하면 되니까, 취준생 입장에서는 한결 편해졌습니다. 취준생들은 직무에 필요한 능력요소를 분명히 알 수 있게 돼 충분한 시간을 두고 준비할 수 있게 되었습니다.

입사지원서에도 큰 변화가 생겼습니다.

입사지원서에 출신 지역, 가족관계, 신체적 조건, 학력 등을 적지 않습니다. 직무와 무관한 스펙의 과도한 요구, 자전적인 성장과정 등을 과감히 삭제했습니다. 다만, 신체적 조건·학력 등은 직무를 수행하는데 있어 반드시 필요하다고 인정될 경우 예외입니다. 인적사항을 배제하고, 공정한 실력평가를 위해 직무를 수행하는데 있어서 필요한 지식·기술·태도 등을 공개합니다. 입사지원서는 채용직무와 관련된 지식·기술 등을 파악할 수 있는 교육·훈련, 자격, 경험 등의 항목으로 구성합니다.

이전 입사지원서에 인적사항, 학력, 자격증, 외국어 항목 등을 기입했다면 블라인드 채용시험 도입 후에는 직무 관련 경험 위주로 지원서를 작성하는 것이 특징입니다. 지원서에 교내·외 활동과 인턴근무 경험, 직무 관련 자격증 등을 적어 자신을 적극 알려야 합니다. 직무능력 소개서에는 직무 관련 경험과 수행한 활동, 조직 내 역할 및 활동결과를 기입합니다. 블라인드 채용은 직무와 관련된 내용을 최우선으로 하고 있다는 점, 잊지 마세요.

특히 기능인재와 청년, 여성과학기술인 등 추가항목을 신설해 반영했습니다.

① 기능인재(고졸인재)

② 청년

- 청년고용촉진특별법 제5조(공공기관의 청년 미취업자 고용의무)에 따라 청년(15세 이상 34세 이하)에 해당하는지 확인

③ 여성과학기술인

- 여성과학기술인 육성 및 지원에 관한 법률 시행령 제13조(적극적 조치의 대상 등)에 따라 여성과학기술인에 해당하는지 확인

공공기관 입사지원서 예시[안]

1. 인적사항

지원 구분	신입 ( ), 경력 ( )	지원직무		접수번호	
성명	(한글)				
현주소					
연락처	(본인휴대폰) (비상연락처)	전자우편			
최종학 교 소재지	*지역인재 우대 응시자*	가점항목		☐ 장애대상 ☐ 보훈대상	
추가항목	☐지역인재(예:지방대학) ☐기능인재(예:고졸인재) ☐청년 ☐여성과학기술인				

2. 교육사항

* 지원직무 관련 과목 및 교육과정을 이수한 경우 그 내용을 기입해 주십시오.

교육구분	과목명 및 교육과정	교육시간
☐ 학교교육 ☐ 직업훈련 ☐ 기타		

직무관련 주요내용

3. 자격사항

* 지원직무 관련 국가기술/전문자격, 국가공인민간자격을 기입해 주십시오.

자격증명	발 급 기 관	취득일자	자격증명	발 급 기 관	취득일자

4. 경험 혹은 경력사항

* 지원직무 관련 경험 혹은 경력사항을 기입해 주십시오.

구분	소속조직	역할	활동기간	활동내용
☐ 경험 ☐ 경력				

* 직무활동, 동아리/동호회, 팀 프로젝트, 연구회, 재능기부 등 주요 직무경험을 서술하여 주십시오

직무관련 주요내용

위 사항은 사실과 다름이 없음을 확인합니다.
지원날짜 :

지 원 자 : _____(인)

출처 : 고용노동부 보도자료(2017.07.5.)

서류전형 배점표 및 배점기준

○ 서류전형 배점표

구분	성적	자격	직무수행계획서(경력직) 자기소개서(신규직)	경력 기술서	우대·가점	합계
경력직	30	10	30	30	• 특수자격 : 5 • 공인어학성적 : 5	100
신규직	35	15	20	30	• 특수자격 : 심사면제 • 공공기관 인턴 : 5 • 공단 무기계약직 : 5	100

> ★ 경력직은 직무수행계획서, 신규직(무기계약직 포함)은 자기소개서 평가

○ 성적 반영기준(공통) ※ 지원서에 반드시 입력

구분	점수 부여 기준	비고
학교교육	관련 전공과목 이수학점 당 2점	최대 35점 (경력직은 30점) • 학교교육은 C학점 이상 (고등학교 교육 : 성취도 C 이상) • 사외교육은 수료증 발급 교육에 한함
사외교육	관련 교육 10시간 당 1점	

○ 서류전형 시 점수를 부여하는 자격 종류

구분		자격증(점수)
행정직	교통(5급)	• 교통 (기사 5점) • 교통안전관리자, 교통안전진단사, 교통사고분석사, 교통사고감정사(3점)
	행정(6/7급)	• 정보처리 (기사 5점, 산업기사 3점) • 세무회계, 기업회계, 전산세무, 전산회계 (1급 5점, 2급 3점) • 교통 (기사 5점) • 교통안전관리자, 교통안전진단사, 교통사고분석사, 교통사고감정사(3점)
기술직	철도(5급)	• 토목, 철도토목, 건축, 건축설비, 소방설비, 전기철도, 철도신호, 궤도장비정비, 철도차량 (기사5점)
	전기(6급)	• 일반(농업, 건설)기계, 기계설비, 건설기계정비, 전기, 전기공사, 소방설비 (기사 5점, 산업기사 3점)
	자동차검사 (6급)	• 일반(농업, 건설)기계, 건설기계정비, 가스 (기사 5점, 산업기사 3점) • 1종 대형 면허, 2종 소형 면허 (3점)
연구 교수직	자동차/기계 (5급)	• 일반(농업, 건설)기계, 기계설비, 건설기계정비, 전기, 전자, 인간공학, 산업안전 (기사 5점)
공통		• 한국사검정능력시험, 한국어능력시험(KBS) (1급 2점, 2급 1점)

> ★ 동일 자격 중복소지자는 상위 1개 인정(예 : 전산세무 1급, 2급 소지자는 1급만 인정)
> ★ 응시자격에 포함되는 필수자격은 점수 가산 없음

○ 직무수행계획서 채점기준(경력직)

평가기준	배점	채 점 기 준				
		탁월	우수	보통	미흡	불량
해당분야 응시적정성	15	15	12	9	6	3
해당업무 비전제시 능력	15	15	12	9	6	3

○ 자기소개서 채점기준(신규직)

평가기준	배점	채 점 기 준				
		탁월	우수	보통	미흡	불량
아이디어 개발, 개선 노력 (5점)	5	5	4	3	2	1
위기상황 극복을 위한 노력 (5점)	5	5	4	3	2	1
타인과의 협력 도출을 위한 노력 (5점)	5	5	4	3	2	1
공단 업무에 관한 주관과 비전 (5점)	5	5	4	3	2	1

○ 경력기술서 채점기준(공통)

평가기준	배점	채 점 기 준				
		탁월	우수	보통	미흡	불량
해당 직무에 대한 이해도	10	10	8	6	4	2
직무 관련 경력개발(과목 이수) 노력	10	10	8	6	4	2
직무와 경력·경험의 유사성	10	10	8	6	4	2

○ 특수자격 인정범위

구분	특수자격	배점
행정직	변호사, 공인회계사, 세무사, 공인노무사, 해당분야 기술사, 해당분야 박사, 고시 최종 합격자	경력직 : 5점 가점 신규직 : 서류전형 면제
기술직	해당분야 기술사, 해당분야 박사, 고시 최종 합격자	
연구교수직	해당분야 기술사, 해당분야 박사, 고시 최종 합격자	

* 응시자격에 포함되는 필수자격은 점수 가산 없음

○ 어학성적 가점기준(경력직)

배점	TOEIC	TOEIC Speaking	TEPS	TEPS Speaking	TOEFL (IBT)	oPic	일본어 능력 (JPT)	중국어능력(HSK)			
								舊HSK (중등)	舊HSK (고등)	新HSK (5급)	新HSK (6급)
5	955 이상	180 이상	865 이상	75 이상	112 이상	AL	955 이상	386이상	356이상	–	203이상
4	915-950	160-170	792-864	68-74	107-111	IH	915-950	362-383	333-353	282-300	180-200
3	815-910	140-150	654-791	58-67	93-106	IM3	815-910	345-360	318-331	236-278	–
2	720-810	120-130	569-653	51-57	81-92	IM2	720-810	315-344	292-316	192-232	–

* 공고일 기준 2년 이내 시행된 시험 중 최고성적 1개만 인정

출처 : 교통안전공단 2017년 모집 요강

입사지원서

기존 입사지원서에는 직무와 관련 없는 개인 신상이나 학점, 어학점수 등이 중요한 비중을 차지했습니다. 그러나 블라인드 채용에서는 직무수행에 필요한 교육, 성과, 자격, 경력, 경험 등 필요한 스펙(On-Spec)이 주요 채용 기준입니다.

그렇다면 이에 맞춘 채용 준비가 필요하겠죠.

입사지원서에는 개인 신상은 거의 적지 않고, 지원직무와 관련된 학교 교육과 직업 교육을 배웠다면 모두 적어야 합니다. 미리 계획을 세워놓고 직무 관련 과목을 수강하는 것이 좋습니다.

지원직무와 관련 있는 자격증도 있으면 채용에 더 유리합니다. 관련 분야의 국가공인 기술·전문·민간 자격을 미리 알아본 뒤 최소한 1~2개 정도 자격증도 취득할 것을 권해드립니다. 자격증을 또 다른 스펙으로 생각하는 사람도 있지만, 사회 생활하면서 직무 관련 자격증은 하나 이상은 꼭 필요합니다. 자격증은 직무를 수행하면서 반드시 필요한 증서라고 저는 생각합니다.

취업 준비를 다 마쳤다면, 취업준비생은 자신이 가지고 있는 실무적 능력과 경험을 지원회사와 연관 짓고, 자신을 잘 어필해야 합니다. 살아온 과정을 스토리텔링화해 글로써 상대방, 즉 인사담당관을 설득시키는 작업이 서류전형입니다. 입사지원서와 자기소개서가 취준생의 '첫 인상' 자료라고 생각하시면 됩니다.

서류 합격의 비법을 알고 싶죠?

합격비법은 어려운 것이 아닙니다. 취준생의 사회경험을 구체적 사례를 바탕으로 적으면 합격의 가능성은 높아집니다. 경험 중 성과를 구체적 수치를 활용해 적는 것도 중요한 '합격 팁' 입니다.

자기소개서에는 조직이해능력, 문제해결능력, 의사소통능력, 직업윤리 등 직업기초능력에 해당하는 것들을 잘 간추려 적습니다.

지원하려는 공공기관의 인재상에 적합한 스토리를 만들어 직무기술서 및 자기소개서를 잘 작성하는 것이 합격의 지름길입니다. 학점, 어학, 학교 등 스펙 중심의 정량화된 점수의 인재보다는 실무중심의 역량 인재가 더 필요합니다.

게임 관련 공공기관이 있다면, 게임의 고수와 파워블로거들의 채용 가능성이 훨씬 높습니다. 회사에 자신을 알릴 나만의 구체적인 '무기'를 만드는 것이 필요합니다. 과거에는 출신 대학이 가장 중요했습니다. 전공은 크게 상관없었죠. '어느 학교를 나왔느냐'가 그 사람을 평가하는 가장 중요한 기준이었습니다.

그러나 이제는 바뀌었습니다. 능력이 있으면 채용될 수 있는 사회가 되었습니다. 학력보다는 실력이 중요한 판단 기준으로 변했습니다. 입사지원서는 채용하는 기업의 '입맛'에 맞게 잘 요리해 서류를 제출하면 채용이 훨씬 쉽습니다. 그것이 바로 스토리텔링의 힘입니다.

【NCS 입사지원서】

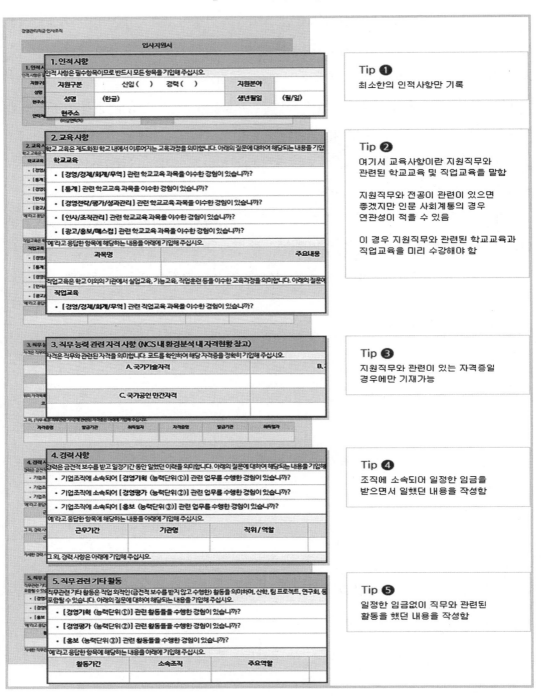

Tip ❶
최소한의 인적사항만 기록

Tip ❷
여기서 교육사항이란 지원직무와 관련된 학교교육 및 직업교육을 말함

지원직무와 전공이 관련이 있으면 좋겠지만 인문 사회계통의 경우 연관성이 적을 수 있음

이 경우 지원직무와 관련된 학교교육과 직업교육을 미리 수강해야 함

Tip ❸
지원직무와 관련이 있는 자격증일 경우에만 기재가능

Tip ❹
조직에 소속되어 일정한 임금을 받으면서 일했던 내용을 작성함

Tip ❺
일정한 임금없이 직무와 관련된 활동을 했던 내용을 작성함

출처 : NCS 홈페이지(http://www.ncs.go.kr)

입사지원서 평가 유형

<입사지원서 평가 유형>

① 가중치 평가	■ 균등형	• 모든 항목별로 사전에 가중치를 부여해 총 100점 만점의 점수를 산출 • 가중치를 지원서 접수 이전에 확정해야 하는 경우에 적합
	■ 변별형	• 항목별로 차등을 두고 점수를 산출 • 영향력이 큰 항목에 가중치를 두고, 영향력이 작은 항목은 가중치를 낮춰 지원자 간 변별력을 향상시킬 수 있음
② 컷오프 적용		• 점수 기준을 정하고 그 이하에 해당되는 지원자는 탈락 • 서류 통과 배수를 고려해 항목별 최저 기준을 조정하는 방법
③ 참고용		• 당락을 직접적으로 결정하지 않고 이후 단계에서 참고할 수 있도록 함 • 총점 순으로 채용

다음 사례는 가중치 방식과 컷오프 방식을 같이 적용한 입사지원서 평가 프로세스입니다. 일반적으로 필수자격 유무 파악 → 지원서 세부문항 평가 → 항목별 평가 → 점수 합산 → 가산점 부여 → 교차 평가 → 합격자 발표순으로 진행합니다.

【입사지원서 평가 프로세스 예시】

필수자격 유무	• 필수자격증을 두는 경우, 해당 자격증이 없는 지원자를 탈락시키고 평가 시작

▼

지원서 세부문항 평가	• 중복이나 잘못 기입했을 때(감점) • 질문 내용과 다른 답변을 했을 때(감점) • 불성실 응답자(감점)

▼

항목별 평가	• 교육사항, 자격사항, 경력사항에 대해 100점 만점으로 평가실시

▼

점수 합산	• 교육사항, 자격사항, 경력사항에 가중치를 준 뒤 100점 만점으로 점수를 합산함

▼

가산점 부여	• 가산점(또는 우대조건)을 두는 경우 해당 점수를 가산 • 점수가 100점을 초과할 경우 100점으로 교정

▼

교차 평가	• 평가자들이 교차로 평가해 비교

▼

합격자 발표	• 필기, 면접 등 2차 단계로 통과시킬 지원자 선별해 발표

자세한 공고문

블라인드 채용의 특징은 취업준비생들이 학력과 출신 지역, 가족관계 등을 채용 서류에 적을 수 없다는 것입니다. 이 때문에 취업준비생들은 자신을 잘 알리는 것이 아주 중요해졌습니다. 특히 어떤 직무능력을 가지고 있는가를 회사 측에 어필할 필요가 있겠죠.

블라인드 채용 방식이 도입되면서 공공기관 등의 채용 공고문은 훨씬 길어지고 자세해졌습니다. 모집 파트별로 직무를 분류하고, 각각의 직무에서 요구하는 구체적인 능력, 자격증 등이 아주 구체적으로 명시돼 있어 취준생 입장에서는 취업 정보를 많이 얻을 수 있어 좋습니다.

예를 들어 우리나라 최대 공기업 중 하나인 한국철도공사(KORAIL) 공고문을 보면, 파트별 직무소개서, 직무능력 기반 자기소개서, 채용관련 지원 가능학과, 직무별 해당자격증 안내, 적성검사 등 첨부된 서류만 10여 가지입니다. 예전 채용 방식은 직무에 대한 자세한 설명 없이 필요한 직종 몇 명을 모집한다는 내용이 전부였습니다. 많이 발전했죠.

이제 취준생들은 미리 준비할 수 있는 여유가 생겼습니다. 입사하려는 기업이나 공공기관이 있다면, 이미 공개된 채용 공고문을 철저히 분석해 여유 있게 준비하면서 경쟁력을 쌓아가야 합니다.

한국산업인력공단 '능력중심채용' 사이트(onspec.ncs.go.kr)에 모든 공공기관의 채용 공고가 올라와 있습니다. 원하는 일과 관련된 내용을 찾아 미리 분석하고 준비한다면 합격은 어렵지 않을 겁니다. 채용 공고문을 통해 직무 수행에 필요한 교육·자격·경험·경력 사항 등을 파악하고 직업 기초 능력과 직무 수행 능력을 기르면 됩니다.

2강. 필기시험

필기시험의 변화

블라인드 채용의 가장 큰 목적은 산업 현장에서 '일을 잘할 수 있는 인재를 선발' 하는 것입니다. 학교 1등이 사회 1등은 아니죠. '공부머리' 보다 '일머리' 가 좋은 사람을 뽑는 방식이 블라인드 채용 방식입니다. 공부보다 일을 우선순위로 두는 것은 우리나라의 미래를 위해서도 바람직해 보입니다.

당초 NCS 도입 취지 중 하나가 필기시험을 없앤다는 것이었습니다. 필기시험이 아니라 직무능력 만을 보고 채용하겠다는 입장이었습니다. NCS의 기본원칙은 구조화된 면접을 핵심기제로 활용하고, 필기는 실시하지 않거나 최소화해 운영하는 것이었습니다. 높은 경쟁률, 공정성 확보 등을 이유로 필기시험을 실시할 경우 직무 관련성을 바탕으로 필기시험을 출제하도록 했습니다. 단, NCS 기반 채용 전보다 과목이 늘어나지 않도록 했습니다.

그런데 채용 기관의 생각을 어떨까요?

직무능력과 면접만으로 인재를 채용하는 것에 부담을 느꼈습니다. 필기성적을 중요하게 평가하지 않을 수 없었습니다. 필기시험만이 가장 객관성을 확보할 수 있는 수단이라고 생각했던 것이죠.

필기시험 없이 면접이나 자기소개서 등으로만 지원자를 평가해 객관성이 떨어진다는 우려가 실제 있었습니다. 이 때문에 필기시험을 치를 수밖에 없었습니다. 아직까지도 우리나라 채용시험에서 가장 객관적인 평가방법이 필기시험이라는 사회인식이 강하게 작용하고 있다는 증거입니다.

블라인드 채용에서 필기는 크게 '직업기초능력평가' 와 '직무수행능력평가' 로 나누어집니다. 직업기초능력 필기평가는 기존 적성검사 방식에 직무를 더해 시험을 치르는 것이며, 직무수행능력 필기평가는 기존 전공시험과 직무를 합해 만들어진 시험이라고 보면 됩니다.

> • 직업기초능력 필기평가 = 기존 적성검사 + 직무
> • 직무수행능력 필기평가 = 기존 전공시험 + 직무

블라인드 채용 방식에서 필기시험은 이전과는 약간 다른 형식으로 출제합니다. 블라인드 채용이 확대되면서 기업이나 공공기관들은 이제 새로운 유형의 필기문항을 개발하고 출제해야 합니다〈그림 참조〉.

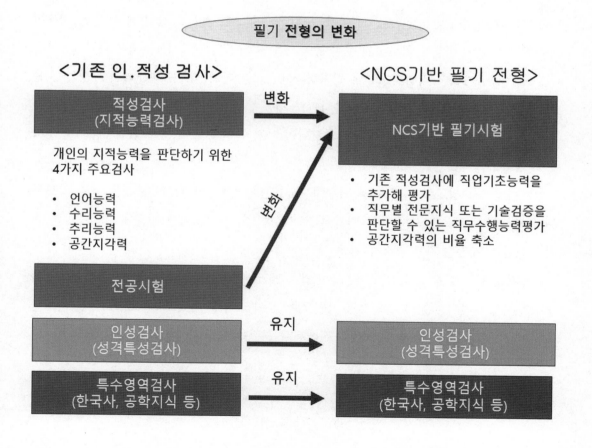

출제는 직업기초능력평가 필기시험과 직무수행능력 필기시험으로 나뉩니다.

직업기초능력평가 필가시험은 기존 적성검사와 비슷해 모든 공공기관 채용 과정에 쉽게 적용하고 있습니다. 관련 평가 자료가 풍부해 출제하는데 어려움이 없습니다.

이에 비해 **직무수행능력 필기평가**를 측정할 수 있는 자료는 아직 부족합니다. 블라인드 채용 시험을 위해 공공기관과 기업에서는 직무수행능력 필기평가 문항을 출제해야 하는데, 새롭게 시작하는 시험이다 보니 자료가 많지 않습니다. 이 때문에 직무수행능력 필기평가 문제가 완벽한 상태로 출제되지 않고 있다는 지적이 나오고 있습니다.

우리나라의 직무수행능력 필기평가는 시작 단계이기 때문에 초보 수준이라고 할 수 있습니다. 직무수행능력 필기시험 문제를 출제하기 위해서는 공공기관이나 기업이 평가 측정도구를 자체적으로 마련하거나 외부 전문기관을 통해 확보해야 하는데 쉽지 않습니다. 직무수행능력을 정확히 평가하려면 업종 특성을 감안해 직군별로 필기시험이나 면접 질문을 만들어야 하지만 많은 시간과 비용, 노하우가 필요합니다. 또한 출제 시 많은 비용이 들어가기 때문에 비용을 확보하지 못한 공공기관 및 기업에서는 애로가 많습니다.

상당수 공공기관이 **직업기초능력 필기평가**에만 집중하고 **직무수행능력 필기평가**는 요식행위로 진행해 아직은 '반쪽짜리 블라인드 채용'을 하고 있다는 지적이 제기되고 있는 이유이기도 합니다. 블라인드 채용 필기시험이 아직 일선 현장에서 완벽히 적용되지 못하고 시행착오를 겪고 있는 것입니다.

필기시험에서 정교한 평가 틀을 마련하고 시행해 취업준비생들이 혼란을 겪지 않도록 해야 하는데 말이죠! 아직은 블라인드 채용 시험이 초기 형태이기 때문에 취준생들의 혼란은 당분간 계속될 가능성이 큽니다.

출제기준은 어떻게 알 수 있을까? 그 해답은 NCS 사이트에 있습니다. NCS 홈페이지는 모두에게 공개하기 때문에 지원자가 지원 직무 분야의 NCS를 찾으면, 모집하려는 직무가 무엇이고, 필기와 면접은 어떤 형태로 진행된다는 것을 대충 파악할 수 있습니다.

직무 연관 공부 중요

필기시험은 직무수행능력을 기반으로 문제가 출제됩니다. 10가지 영역으로 나뉘어져 있지만 이 중 직무기술서에 있는 내용 위주로 공부하면 됩니다.

필기시험에서는 상황 발생 시 알고 있는 지식을 어떻게 활용해 해결할 것인지 묻습니다. 현재 서점 등에서 파는 문제집보다 NCS홈페이지에 있는 샘플자료를 풀어보면서 유형을 익히는 것이 좋습니다.

과거에는 필기시험 때 전공이나 시사문제가 출제됐지만, 지금은 가상 상황을 제시해 지원자의 직무 역량을 검증하는 데 주력합니다. 직업기초능력 10개의 영역 중 해당기관의 인재상, 핵심가치 등과의 맵핑을 통해 신규직원 채용에 반드시 필요한 핵심영역을 도출하고, 직업기초능력×필기시험 매트릭스를 통해 평가방법을 산정합니다. 직무맥락에 기반해 과제를 제시함으로써 '무엇을 아는가' 보다는 '직무를 수행할 수 있는가'를 평가하는 데 초점을 맞춥니다. 문항은 개별 직업기초능력을 각각 구성할 수도 있고, 여러 능력단위들을 묶어서 평가할 수도 있습니다.

필기시험은 독해가 중요합니다. 추론문제를 많이 풀어보는 것도 도움이 될 수 있습니다. 필기시험은 기본소양을 물어보기 때문에 문제를 외우기보다 문제 형식을 익히고 직무와 관련해 연관 지어 공부해야 합니다.

보통 한 문제당 1분 이내로 푸는 연습을 해야 합니다. 실제로 필기시험 시간이 상당히 부족하다는 것이 취준생들의 공통적인 의견입니다. 시간을 어떻게 분배하고 빠르게 문제를 푸느냐가 관건입니다.

NCS 기반 직업기초능력 필기평가

직업기초능력은 해당 직무 수행을 위해 기본적으로 갖추어야 할 직업능력을 말합니다. 직업기초능력은 직무수행능력을 최대로 발휘하기 위해 대부분의 산업분야에서 공통적으로 요구하는 능력으로 현재 10개 분야에 34개의 하위영역으로 구성되어 있습니다.

직업기초능력 필기시험은 NCS 사이트에 있는 직업기초능력 자료를 바탕으로 출제됩니다. 직업기초능력 평가 문항은 '직업기초능력', '직무 상황 제시', '행동 중심'의 세 가지 척도를 기준으로 문항을 개발해 활용합니다.

① 직업기초능력

실제 직무 수행에 필요한 10개 영역의 직업기초능력을 중점적으로 평가합니다.

② 직무 상황 제시

산업 현장에서 실제 일어날 수 있는 직업적 맥락을 문항에 반영해 제시합니다. 직무상황이나 조건을 제시합니다.

③ 행동 중심의 평가

특정 직무를 수행하고 있는 직업인을 대상으로 관찰 가능한 행동 중심의 평가를 실시합니다. 아는 것에 그치지 않고, 알고 있다면 주어진 상황에서 말과 행동 등 조치방법을 묻습니다.

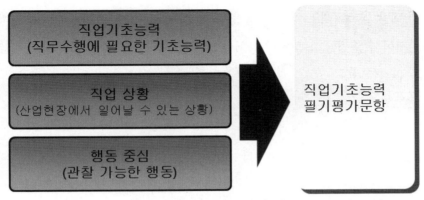

<직업기초능력 필기문항 개발>

직업기초능력 필기시험은 일반적인 지식 측정 위주의 평가가 아닌, 해당 기업의 직무 수행을 위해 필수적으로 갖추어할 능력을 실제 직무 환경에서 어떻게 발현할 수 있는지를 판단하기 위한 문항 위주로 출제됩니다. 공공기관 실무자-NCS 전문가-채용 문항 개발 전문가 간의 협업을 통해 채용의 객관성 및 신뢰성을 높이려고 노력하고 있습니다.

직업기초능력은 다양한 방법으로 평가합니다. 문서작성능력과 양식에 맞는 출장계획서 작성 방법, 기초적인 작업 수행 내용 등을 묻기도 합니다. 직업인이 공통적으로 갖추어야 할 10개 영역의 직업기초능력과 채용기업의 특성, 현황, 핵심 역량을 접목해 만든 문항들로 구성됩니다.

블라인드 채용에서 필기평가는 대기업 채용 단계에 비유하면 적성검사에 해당됩니다. 직무소개서에 나온 지식, 기술, 태도, 직업기초능력 등을 검증하기 위해 직무능력 중심의 필기평가를 실시합니다.

취업준비생들은 기업의 직무 특성에 따라 요구하는 직무능력이 다르기 때문에 지원 기업이나 공공기관의 필기시험 문제유형을 파악하는 것이 중요합니다. 실무에 필요한 직무능력은 채용공고문에 나온 직무기술서에서 제시하고 있습니다.

NCS 기반 필기평가는 직무에 대해 알고 있는 것 뿐 아니라 직무능력을 얼마나 잘 활용할 수 있는가를 평가합니다. 취준생은 직업기초능력 10개의 영역 중 해당기업의 인재상, 핵심 가치 등과의 맵핑을 통해 채용 준비를 하셔야 합니다. 10개 영역 중 7개의 능력적 영역과 3개의 인성적 영역으로 구분해 평가할 수 있습니다.

문지 유형은 4지 선다형 혹은 5지 선다형의 객관식 문항으로 출제합니다. 채용평가 방법에 따라 주관식 혹은 서술형으로 출제할 수도 있습니다. 보통 40~100 문항 기준, 50~80분 시간 등이 주어집니다. 1개 문항 당 1분 내외로 풀 수 있도록 주로 출제합니다. 문항구성은 주로 개별 직업기초능력을 각각 구성하거나 또는 여러 능력들을 묶어서 평가(cross-sectional approach)합니다. 일부에서는 NCS 직업기초능력 샘플 문항을 기업 홈페이지에 게재해 지원자들의 혼란을 예방하고 있습니다.

직업기초능력의 필기평가는 산업현장에서 실제로 일어날 수 있는 상황을 반영합니다. 기존의 인·적성 검사에서 이루어지던 구직자의 인지능력 평가보다는 직무수행에 필요한 기초능력을 중점적으로 평가합니다. 특정 직무를 수행하려는 사람의 행동 중심의 평가를 주로 보죠. 아는 것을 묻는 지식 위주의 평가에서 탈피해 직무 상황에서 발생하는 문제를 해결할 수 있는 능력 등을 갖고 있는지를 중점적으로 묻습니다.

　NCS 기반 직업기초능력평가 시험 예시입니다. 취업준비생을 위한 가이드북(2015, 한국 산업인력공단)을 참조했습니다.

1 의사소통능력

상호간의 말하기, 쓰기, 듣기 능력을 통해서 의도한 바를 파악하고 전달하는 능력을 말하며, 직업인으로서 필요한 문서를 작성하고 파악하는 능력, 상호간 의사소통을 필요로 하는 능력, 기초 외국어 능력 등 교양 및 기초 교육과정을 통해 의사소통능력을 습득할 수 있습니다.

①	문서이해 능력	• 다른 사람이 작성한 글을 읽고 그 내용을 이해하는 능력
②	문서작성 능력	• 자기가 뜻한 바를 글로 나타내는 능력
③	경청능력	• 다른 사람의 말을 듣고 그 내용을 이해하는 능력
④	의사표현 능력	• 자기가 뜻한 바를 말로 나타내는 능력
⑤	기초 외국어 능력	• 외국어로 의사소통 할 수 있는 능력

의사소통능력 문항예시

귀하는 모 전자 회사의 인사 지원 부서에 근무한다. 최근 전사적으로 팀장 리더십에 대한 360° 진단이 있었는데, 아무래도 귀하의 팀장은 그다지 좋은 평가를 받지 못한 것 같다. 팀장이 앞으로 팀 운영에서 기본을 중시하겠다며, 아래와 같이 강조한다. 다음 중 팀장이 얘기하는 취지에 가장 부합하는 것은 무엇인가? (※ 360° 진단은 대상자의 상사, 동료, 부하 직원이 그 사람에 평소 모습을 근거로 진단 항목에 응답하는 방식)

(자료)
"말하지 않아도 통하는 것이 '최고의 관계'이지만, 비즈니스 현장에서 필요한 것은 마음으로 아는 눈치의 미덕보다는 정확한 업무 처리임을 명심해야 합니다."

① "비즈니스 현장에서는 눈치를 봐서라도 정확한 업무처리를 해야 한다."
② "말하지 않아도 통하는 관계는 비즈니스 현장에서 최고의 관계이다."
③ "비즈니스 현장에서는 눈치 없다는 지적을 받더라도 정확히 물어야 한다."
④ "비즈니스 현장에서 정말 중요한 것은 마음으로 아는 눈치의 미덕이다."

2 수리능력

기업분석, 과학기술, 전략 및 의사결정 등 직장 내 다양한 분야에서 사용되는 사칙연산, 통계, 확률 등 업무에 필요한 기초적은 수리능력을 말하며, 수치적 특징이나 규칙을 갖는 표, 그래프 등 자료를 기반으로 자료의 이해, 적용, 분석, 종합적인 평가 등 자료를 해석할 수 있는 능력을 기초 학문을 통해 습득할 수 있습니다.

①	기초연산 능력	• 기초적인 사칙연산과 계산을 하는 능력
②	기초통계 능력	• 필요한 기초 수준의 백분율, 평균, 확률과 같은 통계 능력
③	도표분석 능력	• 도표(그림, 표, 그래프 등)가 갖는 의미를 해석하는 능력
④	도표작성 능력	• 필요한 도표(그림, 표, 그래프 등)를 작성하는 능력

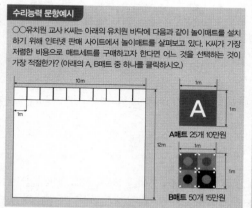

수리능력 문항예시

○○유치원 교사 K씨는 아래의 유치원 바닥에 다음과 같이 놀이매트를 설치하기 위해 인터넷 판매 사이트에서 놀이매트를 살펴보고 있다. K씨가 가장 저렴한 비용으로 매트세트를 구매하고자 한다면 어느 것을 선택하는 것이 가장 적절한가? (아래의 A, B매트 중 하나를 클릭하시오.)

A매트 25개 10만원

B매트 50개 15만원

3 문제해결 능력

직무를 수행하면서 실제적인 상황, 구체적인 이슈, 기업 전략 등 문제 상황이 발생하였을 경우, 창조적이고 논리적인 사고를 통하여 이를 올바르게 인식하고 적절히 해결하는 능력으로 교양지식, 시사상식, 다양한 경험 습득을 통해서 얻을 수 있습니다.

①	사고력	• 업무와 관련된 문제를 인식하고 해결함에 있어 창조적, 논리적, 비판적으로 생각하는 능력
②	문제처리 능력	• 업무와 관련된 문제의 특성을 파악하고, 대안을 제시, 적용하고 그 결과를 평가하여 피드백 하는 능력

문제해결능력 문항예시

J씨는 ○○ 출판사의 편집팀 인턴사원으로 입사하였다. J씨는 선임 직원으로부터 다음과 같은 사내 연락망을 전달받았다.

〈 사내 연락망 〉

연구개발팀 (대표 번호: 5420)		편집팀(대표 번호: 6420)	
이름	직통	이름	직통
홍길동 팀장	5400	하운찬 팀장	6400
고인철	5421	이하늘 대리	6410
최운석	5420	고덕수	6421
		J씨	6420

회계팀 (대표 번호: 7420)	
이름	직통
한가월 팀장	7400
강나래	7421
김도선	7420

○○출판사(Tel : 070-1234-직통번호)

• 당겨받기: 수화기들고 +#+당겨받기버튼
• 사내통화: 내선번호
• 돌려주기: 돌려주기버튼+내선번호+#+연결확인 후 끊기
• 전화 담당을 때: "안녕하십니까? 아동들의 창의적인 성장을 돕는 ○○출판사 ○○팀 ○○○입니다."

J씨는 사내 연락망을 살펴보는 과정에서 직통 번호에 일정 규칙이 있다는 것을 발견하였다. J씨가 이 규칙을 메모해 두고 좀 더 쉽게 번호를 암기하기로 하였다고 할 때, 다음 중 메모한 내용으로 적절한 것은?

070-123-□□□□
첫 번째 자리 숫자 →
두 번째 자리 숫자 →
세 번째 자리 숫자 →
네 번째 자리 숫자 →

	직통 번호의 숫자	규칙
①	첫 번째 자리 숫자	부서 코드
②	두 번째 자리 숫자	근속년수 코드
③	세 번째 자리 숫자	회사 코드
④	네 번째 자리 숫자	직위 코드

4 자기개발 능력

업무를 추진하는데 스스로를 관리하고 개발하는 능력입니다. 직업인으로서 기초 지식을 습득하여 폭넓은 업무 이해 능력 갖추는 것으로 지원자가 지원하고자 하는 업무에 대하여 학교 기본교육을 통해 자기능력을 개발할 수 있습니다.

①	자아인식 능력	• 자신의 흥미, 적성, 특성 등을 이해하고, 이를 바탕으로 자신에게 필요한 것을 이해하는 능력
②	자기관리 능력	• 업무에 필요한 자질을 지닐 수 있도록 스스로를 관리하는 능력
③	경력개발 능력	• 끊임없는 자기 개발을 위해서 동기를 갖고 학습하는 능력

5 자원관리 능력

시간, 자본, 재료 및 시설, 인적자원 등의 자원 가운데 무엇이 얼마나 필요한지를 확인하고, 이용 가능한 자원을 최대한 수집하여 실제 업무에 어떻게 활용할 것인지를 계획하고, 계획대로 업무 수행에 이를 할당하는 능력으로 업무 상 필수적인 자료의 분석 및 관리 기술 등의 기초 지식을 평가합니다.

①	시간자원 관리능력	• 시간자원이 얼마나 필요한지를 확인하고, 이용 가능한 시간자원을 최대한 수집하여 실제 업무에 어떻게 활용할 것인지를 계획하고 할당하는 능력
②	예산자원 관리능력	• 자본자원이 얼마나 필요한지를 확인하고, 이용 가능한 자본자원을 최대한 수집하여 실제 업무에 어떻게 활용할 것인지를 계획하고, 할당하는 능력
③	물적자원 관리능력	• 재료 및 시설자원이 얼마나 필요한지를 확인하고, 이용 가능한 재료 및 시설자원을 최대한 수집하여 실제 업무에 어떻게 활용할 것인지를 계획하고 할당하는 능력
④	인적자원 관리능력	• 인적자원이 얼마나 필요한지를 확인하고, 이용 가능한 인적자원을 최대한 수집하여 실제 업무에 어떻게 활용할 것인지를 계획하고, 할당하는 능력

자원관리능력 문항예시

귀하는 중소기업의 교육훈련 담당자이다. 팀장은 "조직의 효율성을 높이기 위해 전사적으로 시간관리에 대한 교육을 철저히 실시하라"고 하시지만, 현실적으로 직원들을 집합교육에 동원 할 수 있는 시간은 제한적이다. 시간관리 중에서도 뭔가에 중점을 둬 교육을 실시하고자 하는데, 다음 중 귀하가 최우선의 교육 대상으로 삼아야 하는 것은 어느 부분인가?

(자료)

〈표〉 시간관리 매트릭스

	긴급한 일	긴급하지 않은 일
중요한 일	제1사분면	제2사분면
중요하지 않은 일	제3사분면	제4사분면

① 제1사분면은 중요하고 긴급한 업무를 처리하는 것을 의미하는 것으로, 다급한 문제, 마감에 쫓기는 프로젝트, 회의준비 등을 포함한다.
② 제2사분면은 긴급하지 않지만 중요한 업무를 처리하는 것을 의미하며, 계획, 인간관계구축, 장기계획수립, 예방적 정비 등을 포함한다.
③ 제3사분면은 중요하지 않지만 긴급한 업무를 처리하는 것에 해당하며, 고객이나 지인의 불시방문이나 전화, 당장 처리해야 할 잡일 등을 포함한다.
④ 제4사분면은 중요하지 않고 긴급하지 않은 업무를 처리하는 것을 의미하여, 하찮은 일, 시간낭비거리, 지나친 TV시청 등을 포함한다.

6 대인관계 능력

업무를 수행함에 있어 접촉하게 되는 사람들과 문제를 일으키지 않고 원만하게 지내는 능력으로 학교 내 기초교육 과제 및 팀 프로젝트 등을 통해서 습득할 수 있습니다.

①	팀웍 능력	• 다양한 배경을 가진 사람들과 함께 업무를 수행하는 능력
②	리더십 능력	• 업무를수행함에있어다른사람을 이끄는 능력
③	갈등관리 능력	• 사람들 사이에 갈등이 발생하였을 경우 이를 원만히 조절하는 능력
④	협상능력	• 업무를수행함에있어다른사람과 협상하는 능력
⑤	고객 서비스 능력	• 고객의요구를만족시키는자세로 업무를 수행하는 능력

대인관계능력 문항예시

귀하는 사업 기획에 반영시키라는 지시와 함께 팀장으로부터 아래와 같은 3C 분석 결과를 전달받았다. 다음 중 귀하가 향후 해결해야 할 회사의 전략 과제로 선택하기에 적절하지 않은 것은 무엇인가?

(자료)

3C	상황 분석
고객/시장(Customer)	• 아시아를 중심으로 연 8% 성장 시장 • IT 관련 사업 연 20% 성장 • 고객 니즈에 맞는 맞춤형 프로젝트의 증가 • 시스템화 지향
경쟁회사(Competitor)	• 1위 (미국 A기업), 2위 (유럽 E기업) • 압도적인 시스템화 보유 • 전문 메이커와 치열한 가격 경쟁
자사(Company)	• 국내 시장 점유율 1위, 세계 3위 • 강력한 국내 판매 대리점 망 보유 • 높은 기술개발력 • 해외 판매망 취약 • 높은 생산 원가(특히 간접비) 구조

① 시스템화 능력의 강화.
② 높은 제품 기술력을 바탕으로 한 제품 구색의 강화.
③ 해외 시장의 판매망 구축.
④ 간접비 삭감을 바탕으로 가격 경쟁력 강화.

7 정보능력

업무와 관련된 정보를 수집하고, 이를 분석하여 의미 있는 정보를 찾아내며, 의미 있는 정보를 업무 수행에 적절하도록 조직하고, 조직된 정보를 관리하며, 업무 수행 시 필요한 정보를 활용하여 컴퓨터를 사용하여 활용하는 능력입니다.

①	컴퓨터 활용 능력	• 정보를 수집, 분석, 조직, 관리, 활용하는데 있어 컴퓨터를 사용하는 능력
②	정보처리 능력	• 정보를 수집하고, 이를 분석하여 의미 있는 정보를 찾아내며, 의미 있는 정보를 업무수행에 적절하도록 조직하고, 조직된 정보를 관리하며, 업무 수행에 이러한 정보를 활용하는 능력

자원관리능력 문항예시

귀하는 인사팀에 근무한다. 회사가 성장함에 따라 직원 수가 급증하기 시작하면서 직원들의 정보관리 방법을 모색할 상황이다. 아래 [자료]는 글로벌 코리아에서 하고 있는 직원들의 정보관리 방법이다. 귀하는 글로벌 코리아가 하고 있는 이 방법을 도입하고자 한다. 어떤 방법일까?

글로벌 코리아의 인사부서에서 근무하는 A씨는 직원들의 개인정보를 관리하는 업무를 담당하고 있다. 글로벌 코리아에 근무하는 직원은 수천 명에 달하기 때문에 A씨는 주요 키워드나 주제어를 가지고 직원들을 구분하여 활용함으로써 정보를 관리하고 있다. 직원은 수천 명이지만 검색어에 따라 직원들의 정보를 구분하여 관리하다 보니 찾을 때도 쉽고 내용을 수정할 때도 보다 간편하게 되었다.

① 목록을 활용한 정보관리
② 색인을 활용한 정보관리
③ 분류를 활용한 정보관리
④ 1:1 매칭을 활용한 정보관리

8 기술능력

업무를 수행함에 있어 도구, 장치 등을 포함하여 필요한 기술에는 어떠한 것들이 있는지 이해하고, 실제로 업무를 수행함에 있어 적절한 기술을 선택하여 적용하는 능력을 말합니다.

①	기술이해 능력	• 기술적 원리를 올바르게 이해 하는 능력
②	기술선택 능력	• 도구, 장치를 포함하여 업무 수행에 필요한 기술을 선택 하는 능력
③	기술적용 능력	• 기술을 업무 수행에 실제로 적용하는 능력

기술능력 문항예시

엘론 머스크는 현재 가장 혁신적인 회사중 하나인 스페이스X를 운영하고 있다. 다음의 글은 인재채용 담당자가 전한 내용이다. 다음의 글로 보았을 때 기술 경영자의 어떤 부분을 이야기하고 있는가?

그 일을 완료하는데 1년 정도의 시간이 필요할 것처럼 보이는 일이 있다면, 엘론은 그것을 일주일 안으로 끝내길 원한다. 엘론에게 강한 밀어붙임을 경험한 사람들은 엘론에 대해 비판적인 입장을 취하곤 한다. 직원 중 일부는 그 무게를 이겨내지 못하고, 그 외 다른 직원들은 그것을 스스로 더욱 더 열심히 일할 수 있는 연료로 사용한다고 말했다.

① 기술 전문 인력을 운용할 수 있는 능력
② 기술을 효과적으로 평가할 수 있는 능력
③ 기술을 기업의 전반적인 전략 목표에 통합시키는 능력
④ 조직 내의 기술 이용을 수행할 수 있는 능력
⑤ 크고 복잡하고 서로 다른 분야에 걸쳐 있는 프로젝트를 수행할 수 있는 능력

9 조직이해 능력

국제적인 추세를 포함하여 조직의 체제와 경영에 대해 이해하는 능력으로, 시사 교양 및 경영전반에 걸쳐 조직 간의 관계를 이해하는 능력을 기초 교육을 통해 습득할 수 있습니다.

①	국제감각	• 국제적인 추세를 이해하는 능력
②	조직체제 이해능력	• 조직의 체제를 올바르게 이해하는 능력
③	경영이해 능력	• 사업이나 조직의 경영에 대해 이해하는 능력
④	업무이해 능력	• 조직의 업무를 이해하는 능력

조직이해능력 문항예시

갑, 을, 병, 정 중에서 아래 조직도를 올바르게 이해한 사람을 모두 고르면?

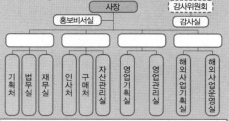

갑: 조직도를 보면 4개 본부, 3개 처, 감사실을 포함해 총 7개 실로 구성돼 있네.
을: 그런데 감사실은 사장 직속이 아니라 감사위원회 산하에 별도로 소속돼 있어.
병: 사장 직속으로는 4개의 본부가 있는데 그 중 한 본부는 해외사업을 맡고 있군.
정: 자산관리실과 영업관리실 모두 관리 기능을 하니까 둘 다 관리본부 소속인 것은 당연하지.

① 갑, 을 ② 갑, 병 ③ 을, 병 ④ 을, 정 ⑤ 병, 정

10 직업윤리

원만한 직업생활을 위해 필요한 태도, 매너, 올바른 직업관으로 각자 자기가 맡은 일에 투철한 사명감과 책임감을 가지고 일을 충실히 수행하는 능력입니다.

①	**근로윤리**	• 업무에 대한 존중을 바탕으로 근면하고 성실하고 정직하게 업무에 임하는 자세
②	**공동체 윤리**	• 인간 존중을 바탕으로 봉사하며, 책임 있고, 규칙을 준수하며 예의 바른 태도로 업무에 임하는 자세

직업윤리 문항예시

귀하는 100억대 규모 프로젝트의 팀원으로 업무를 수행하고 있던 중 우연한 기회에 본 프로젝트 책임자인 상사가 하청업체로부터 억대의 뇌물을 받는 등 회사 윤리규정에 반하는 일을 하고 있다는 정보를 입수하게 되었다. 상사는 평소 직원들로부터 신뢰와 존경을 받아왔으며 귀하는 그 상사와 입사 때부터 각별한 친분을 쌓아왔고 멘토로 생각해왔던 터라 도저히 믿어지지 않았고 충격도 크다.

아래 5개 행동은 위 상황에서 귀하가 취할 수 있는 행동들이다. 귀하가 가장 하지 않을 것 같은 행동에 체크하시오.

	귀하가 취할 수 있는 행동들	가장 하지 않을 것 같은 행동
1	인간은 누구나 실수를 할 수 있고 또 처음 있는 일이니 그 동안 쌓인 정을 봐서 이번 한번은 모른 체 넘어간다.	
2	상사가 잘못을 인정하면서 한번만 봐달라고 사정하면, "다시는 그러지 말라"고 하고 덮어둔다.	
3	상사에게 귀하가 상사의 부정사실을 알고 있다고 말하고 돈을 하청업체에 돌려주라고 말한다.	
4	회사에 알린다.	
5	평소 신뢰하고 존경하던 분인데 절대 그럴 리가 없다. 그 정보가 아마 잘못된 정보일 것이므로 그냥 지나간다.	

NCS 기반 직무수행능력 필기평가

NCS 체계 이전의 공공기관 시험은 서류전형, 필기시험, 면접의 형태로 이루어졌습니다. 필기시험은 전공 또는 논술 시험 위주였죠. NCS **직업기초능력 필기평가**가 과거의 직무적성검사였다면, NCS 기반 **직무수행능력 필기평가**는 예전의 전공시험과 비슷한 것으로 보시면 됩니다. 다만, NCS 기반 **직무수행능력 필기평가**가 이전의 전공시험과 다른 점은 지원 직무에 대해 지원자가 얼마나 이해하고 있고, 평소 직무와 관련해 준비돼 있는가를 평가한다는 것입니다.

아직까지는 NCS 기반 직무수행능력평가가 시행초기이기 때문에 문제 유형이 많지 않습니다. 취업준비생들이 어려움을 느끼는 것이 바로 이 부분이죠. 그러나 너무 걱정하실 필요 없습니다.

NCS의 직무수행능력은 학습모듈이 이미 정해져 있습니다. NCS 사이트를 보면 산업체에서 각 직렬 직무마다 꼭 알아야 하거나 습득해야 할 직무능력을 제시해놨기 때문에 이를 참조하면 됩니다. 오히려 공부할 수 있는 범위를 지정해주고 있기 때문에 사전에 충분히 준비할 수 있다는 것이 장점이지요.

직업기초능력 필기평가는 산업분야에서 공통적으로 사용되는 능력을 측정하는 것을 목적으로 합니다. 반면 **직무수행능력 필기평가**는 선발하고자 하는 직무에서 차별적으로 사용되는 지식·기술 등을 측정합니다. 직무별 NCS 능력단위에서 제시된 것을 활용해 시험 문제를 만듭니다.

기존 전공시험과 다른 점은, 평가 문항에 들어 있는 내용이 단지 이론이 아니라는 것입니다. 직무수행능력 필기평가와 기존 전공시험 간의 차이는, 평가문항에 들어있는 내용이 직무에서 실제 사용되고 있는 지식과 기술인지 여부에 있습니다. 이 때문에 현업에 종사하고 있는 직무 전문가들이 직접 출제합니다. 직업기초능력 출제위원들은 현업에 종사하고 있는 사람보다 일반적으로 학자가 더 많겠죠.

예전 전공시험은 방대한 범위 때문에 어디에서 어떤 문제가 나올지 추측할 수가 없었습니다. 반면 NCS 기반 직무수행능력평가는 기존의 전공시험보다는 미리 범위를 알고 효율적으로 공부할 수 있게 되었습니다.

평가방법은 다양합니다. 채용기업에 따라 다르겠지만 크게 서술형, 논술형, 선택형 등으로 나뉩니다.

- 서술형 : 자유로운 형식으로 서술해 평가하는 방법
- 논술형 : 논리적 과정을 통해 해결하고 그 과정을 서술하는 방법
- 선택형 : 보편적으로 사용하는 객관식 풀이 방법

NCS 기반 직무수행능력 필기평가는 기본 원칙만 알고 있다면, 그리 어렵지 않을 것입니다. 학습모듈과 내용들을 위주로 준비하면 되니까요. 역설 같지만 취준생 입장에서는 NCS 기반 직무수행능력 필기평가가 예전보다 더 쉬울 수 있습니다. 특별한 유형이 완성되지 않았기 때문입니다. 기존 전공시험에 NCS가 추구하는 직무능력 평가만 추가해 유형파악은 쉬울 수 있습니다. 교과서를 기본 교재로 삼고 공부했다고 한 대입 수험생들이 만점을 받은 것처럼, NCS의 기본 원칙만 잘 알아도 문제를 쉽게 풀 수 있을 테니까요. 다만 저는 쉽다고 이야기했는데, 취준생은 혹시 너무 어렵게 느끼지 않을까 우려되기는 합니다.

직무수행능력은 직무수행에 필요한 지식, 기술, 태도를 NCS 기반 필기 평가를 통해 평가하는 것입니다. 일반적인 지식 측정 위주의 평가가 아닌, 해당 기업의 직무수행을 위해 필수적으로 갖추어야 할 직무수행능력을 실제 직무 환경에서 어떻게 발현할 수 있는지를 평가합니다. 서술형과 선택형 문항을 비교해보세요.

【서술형 문항 예시(경영기획)】

직군(직무)	경영기획	총 문항수	30문항	총 평가시간	1시간				
관련 능력단위	예산편성 지침수립	관련 능력 단위 요소	과거 실적분석하기	평가방법	서술형	배점	5점	평가시간	2분
문항	- 세부공정표 작성 방법을 서술하시오								
평가 시 유의사항	- 정답의 키워드가 답안에 제시되어 있는지 여부를 평가한다. - 키워드가 3가지 이상 제시되어 있으면 3점, 2가지가 제시되어 있으면 2점, 1개가 제시되어 있으면 1점을 부여하고, 키워드의 내용이 존재하지 않을 경우에는 0점 처리한다.								
모범 답안	1. 분석된 자료를 가지고 단위공정/단위기간 산정 2. 세부공정계획을 작업 별로 세분화시켜 각 요소 별 공사를 최적화하여 작성 3. 세부공정 별 Work-Flow 작성 4. 주요자재의 발주계획 수립 5. 각 단위공정에 대한 소요일수 및 작업불능일수 계산								

출처 : 한국산업인력공단(2016), NCS 기반 능력중심 채용 설명회 자료.

【선택형 문항 예시(경영기획)】

직군(직무)	경영기획	총 문항수	30문항	총 평가시간	1시간				
관련 능력단위	연간종합 예산 수립	관련 능력 단위 요소	사업단위 별 예산 수립 지원하기	평가방법	선택형	배점	3점	평가시간	2분
문항	- 작업 시간에 비용을 결부시켜 MCX 공사의 비용 곡선을 구하여 공사비를 절감하고, 반복적이며 경험이 있는 사업에서 주로 사용되는 공정표는 무엇인가? ① PERT 기법 ② PDM 기법 ③ CPM 기법 ④ LOB 기법								
평가 시 유의사항	- 공정표 작성 프로그램을 사전에 선택하기 위해서는 진행 예정사업의 특징과 규모 및 목적을 정확히 파악하고 이에 따른 공정표 작성 프로그램을 선택 할 수 있는지 여부를 파악하기 위해 출제한다. - 평가는 모범 답안에 따른다.								
모범 답안	- 정답 : ③ CPM 기법 ① PERT 기법 : 신규 사업, 비 반복적인 사업, 경험이 없는 사업에 활용 ② PDM 기법 : 반복적이고 많은 작업이 동시에 일어날 때 활용 ③ CPM 기법 : 반복적이고 경험이 많은 사업, MCX를 주로 사용하며, 공사비 절감을 위한 사업에 사용 ④ LOB 기법 : 반복 작업이 많은 사업에서 기울기로 표시하여 도식화한 작업								

출처 : 한국산업인력공단(2016), NCS 기반 능력중심 채용 설명회 자료.

NCS 기반 직무수행능력 필기시험을 잘 보기 위해서는 해당 공공기관과 대기업의 모집 분야 별 직무와 NCS를 비교, 분석해 선발인원이 필수적으로 갖추어야 할 직무능력이 무엇인가를 먼저 아는 것이 중요합니다. 일반적인 지식측정 위주의 평가가 아닌, 해당 기업 · 공공기관의 직무수행을 위해 필수적으로 갖추어야 할 직무수행능력을 실제 직무환경에서 어떻게 발현할 수 있는지를 창의적으로 평가하기 때문에 문제 유형만 잘 익혀도 어렵지 않을 것입니다.

NCS 기반 직무수행능력평가 필기시험은 NCS의 능력단위, 수행준거 등을 활용해 직업 기초능력 및 직무수행능력의 핵심요소를 평가할 수 있는 문항을 적용해 회사 고유의 평가요소 및 기준을 매칭해 적용한 것이 특징이니까, 이 점 명심하면 취업 어렵지 않습니다.

 취업 전략

블라인드 채용에서는 외우는 것이나 기존의 지식보다는 주어진 문제를 파악하고 그것을 해결하는 방법을 찾는 능력이 중요합니다. 논리적인 추론이나 문제해결능력을 평가하는 문제, 즉 PSAT등을 연습해 보는 것도 많은 도움이 될 것입니다. PAST(Public Service Aptitude Test)는 공직 적격성 테스트로 공무 수행에 필요한 기본적 지식과 소양, 자질 등을 갖추고 있는지를 종합적으로 평가하는 시험을 말합니다.

3강. 인·적성 시험

인·적성 시험은 지원자의 적·부를 판단하는 시험이며, 부적합 판정을 받은 지원자는 거의 없는 것으로 알려져 있습니다. 인·적성 시험은 공직 또는 기업 적합성 검정을 위한 면접 참고자료 및 최종합격자의 부서배치 인사자료로 활용되고 있습니다.

인·적성 시험은 정답이 있는 시험이 아닙니다. 일관성이나 신뢰도가 없는 지원자를 추려내기 위한 검사입니다. 솔직하고 일관성 있게 답변하는 것이 중요합니다. 동일하거나 유사한 질문이 여러 번 등장하기 때문입니다. 사기업의 인·적성 검사에서는 친기업적으로 대답하고, 공공기관의 인·적성 검사에서는 공익과 원칙에 포인트를 맞춰 대답하는 것이 좋은 방법입니다..

인·적성 검사는 인격적(충동성, 사회성검사 및 정신건강검사, 반사회성, 공격성, 우울 등)으로 문제가 있는지 없는지 여부를 분석하는 검사방법이죠. 이러한 검사는 점수화 되지 않지만, 검사 결과가 면접위원의 면접자료로 활용되기 때문에 중요합니다. 250문항을 30분 내에 Yes/No로 답변하는 형태로 진행되기도 합니다.

PART 4
자기소개서

PART4. 자기소개서

1강. 자기소개서란?

자신에 대한 마케팅 제안서

자기소개서는 면접위원에게 나 홀로 질문을 받기 위해서 작성한 것으로 보면 됩니다. 질문에 즉흥적으로 답변하는 것이 아니라 준비된 답변을 하는 것이 자기소개서입니다.

자기소개서는 자신에 대한 마케팅 제안서입니다. 마케팅 제안서는 고객이 궁금해 하는 항목에 대해 구체적 근거, 최고의 기능, 차별적 성능을 제시해 고객의 관심을 유도해야 합니다. 구매자의 구매 욕구를 강하게 자극해야만 성공적 마케팅 제안서가 될 수 있습니다.

성공적인 마케팅 제안서를 작성하기 위해서는 먼저 자소서 문항에서 묻는 내용이 무엇인가를 파악해야 합니다. 다음으로 해당 기업이 요구하는 인재상을 파악한 뒤 지원한 직무에서 요구되는 항목은 무엇인가 분석합니다. 그리고 자신 만의 독특한 경험을 스토리텔링으로 전개하는 것이 좋습니다.

자기소개서 작성순서는 우선 지원하는 기업을 파악하고 분석하는 것이 가장 급선무입니다. 이어 주제와 방향 등을 정한 뒤 개요를 작성합니다. 그 개요를 중심으로 살을 붙이고, 마지막으로 다듬는 형식으로 진행합니다.

자기소개서는 서류전형의 경우 합격과 불합격에 영향을 미치는 것은 물론, 면접의 기초가 된다는 점도 알고 있어야 합니다. 이력서가 지원자의 개괄적인 면을 바라볼 수 있는 기초 자료라면, 자기소개서는 지원자를 보다 깊이 알 수 있도록 돕는 구체적인 자료라고 할 수 있죠. 채용기업에서 지원자에 대해 알고 싶어 하는 위기관리능력, 리더십 등이 자기소개서에 나타나기 때문입니다. 문장력과 논리성뿐만 아니라 자신의 생각을 표현해 내는 표현력 등도 자기소개서에 나타납니다. 자기소개서를 잘 쓰는 비결은 자신이 말하려는 내용을 가장 정확하고, 알기 쉬우면서도 단순하게 기술하는 것입니다. 구성방법과 문체에도 신경 써야 합니다. 같은 내용이라도 구성과 문체에 따라 전달력은 큰 차이가 있습니다. 면접위원을 직접 대면하기 전에 서류로 자신을 보이는 것이므로, 단어 하나하나에도 신경을 쓰며 자신의 개성이 잘 드러나도록 하는 것이 좋습니다.

자기소개서는 채용기업에 맞춤식으로 쓴 '의도된 글'입니다. 따라서 지원자들은 자기소개서를 쓸 때에 본인이 그 조직에 가장 적합한 인재라는 것을 설득력 있게 제시해야 합니다. 본인을 선택할 만한 요소를 내용에 꼭 포함시켜야 할 것입니다.

자기소개서에는 주장만 하는 것은 의미가 없고, 반드시 증거가 있어야 합니다. 즉 주장에 대한 논거가 있어야 한다는 것이죠. 취준생들 모두가 자신은 열정적이고 그 일에 적합한 인재라고 주장하지만, 증거가 없으면 기업에서는 인정하지 않습니다. 예를 들어, 주장에 대한 근거로 에피소드나 경력 또는 경험, 자격증 획득 여부, 수상 실적 등을 적어주어야 하겠죠.

자기소개서의 유형

지금까지 자기소개서는 본인의 성장과정이나 장·단점이 무엇인지를 묻는 것이었습니다. 그러나 NCS 자기소개서는 지원한 조직이나 직무와 관련된 자기소개를 쓰도록 유도하고 있습니다. 자기소개서를 잘 써야 하는 이유는 면접에서 지원자에 대한 이해자료로 활용되기 때문입니다. 음식도 재료가 좋아야 맛이 있듯, 자기소개서도 미리 잘 쓰면 면접에서도 훨씬 유리합니다.

면접위원들은 자기소개서에 기반을 두고 질문을 하는 경향이 있습니다. 면접 때 받고 싶은 질문을 자소서에 미리 언급해 놓는 것이 좋습니다. 면접에서 받고 싶은 질문이 나오도록 써야 잘 쓴 자소서입니다. 특이한 사항 또는 강조하고 싶은 부분을 보여주면 됩니다.

자기소개서는 글을 잘 쓰는 것이 아닙니다. 본인의 경험을 바탕으로 자신이 갖추고 있는 능력을 표현하는 것입니다. 흔히 자기소개서에 자신이 했던 일을 자랑처럼 많이 늘어뜨리는 경우가 많습니다. 물론 직무와 관련해 많은 일을 했다는 것은 NCS 기반 채용에서 분명 이로운 점이죠. 하지만 무엇을 얼마나 많이 했느냐가 아니라 한 가지라도 더 배운 교훈이 있다면 그것이 더 가치 있는 일입니다. 비록 실패했다 하더라도 실패경험을 통해 무엇을 배우고 얻은 교훈이 무엇이냐가 더 중요합니다.

자기소개서는 다음과 같은 유형으로 묻습니다.

① 의사소통능력

"K라는 직원이 업무관련으로 고객과 대화를 나누고 있다, 그런데 고객은 이해가 되지 않는다고 반문을 했다." 대화 중 무엇이 문제이고 어떻게 하면 해결할 수 있는지 설명하십시오.

② 자기개발능력

최근 5년 동안에 귀하가 성취한 일 중에서 가장 자랑할 만한 것은 무엇입니까? 그것을 성취하기 위해 귀하는 어떤 일을 했습니까?

③ 문제해결능력

예상치 못했던 문제로 인해 계획대로 일이 진행되지 않았을 때, 책임감을 가지고 적극적으로 끝까지 업무를 수행해내어 성공적으로 마무리했던 경험이 있으면 서술해 주십시오.

④ 대인관계능력

약속과 원칙을 지켜 신뢰를 형성·유지했던 경험에 대해 기술해 주세요.

⑤ 조직이해능력

지금까지 학교생활 및 여러 조직에서 생활해 오면서 조직의 중요성 및 경험을 설명하여 주시고, 또한 우리 조직의 역할이 무엇인지 설명하십시오.

⑥ 직업윤리

직장인으로서의 직업윤리가 왜 중요한지 본인의 가치관을 중심으로 설명하십시오.

NCS 자소서라고 이전과 크게 차이가 있는 것은 아닙니다. 다만 직무와 관련된 내용을 더 구체적으로 묻는 경우가 많다는 것입니다. 취준생들은 NCS 자소서에 특이한 문항이 있을 것이라고 생각하는 사람이 많습니다. 하지만 대기업도 직무능력 중심으로 채용을 해 왔습니다. 자신의 경험을 바탕으로 장점을 주장하는 경험형 자기소개서 형태로 진행되고 있습니다. 앞으로 자기소개서는 이러한 상황형 질문 뿐 아니라 자신의 생각을 기술하는 통찰형으로 더욱 확산될 것으로 예상됩니다.

자기소개서의 핵심 요구사항

① 지원 동기(조직과 직무)

지원 동기 부분 작성 시에는 지원하는 기업과 직무에 대한 충분한 이해가 있어야 합니다. 관련 기업과 직무에 대한 정보를 홈페이지, 신문기사 등을 통해 꼼꼼하게 수집, 분석해야만 합니다. 평소 지원하려는 기업 관련 자료를 수집, 분석해두면 자소서 뿐만 아니라 면접에도 활용할 수 있습니다.

지원동기에는 직무에 대한 관심이 잘 드러나야 합니다. 모집공고에 직무별로 하는 일이 나와 있기 때문에 이를 유심히 살펴보고 작성해야 합니다. 직무에 필요한 태도와 자세, 그리고 자신의 비전과 기업의 비전을 연계해 서술한다면 다른 지원자와 차별화돼 보이고, 비전을 갖고 오래 근무할 사람으로 인식될 수 있습니다.

다만 직무에 대한 일반적이고 추상적인 이해가 아니라 구체적이고 실질적인 직무 이해가 가장 중요합니다. 지원하는 분야에서 요구하는 직무에 대한 지식과 태도가 무엇인지 파악하고 자소서를 작성하면 좋습니다.

지원동기에는 미래의 이야기와 비전을 작성하는 것이 더 좋아 보입니다. 기업에 대한 정확한 이해와 자신의 비전과 일치하도록 설명하는 것이 핵심입니다.

② 조직 적합성(핵심 가치, 인재상)

조직 적합성과 관련된 질문은 해당 기업이 추구하는 핵심 가치와 인재상에서 요구하는 능력을 지원자가 잘 이해하고, 준비되어 있나를 파악하는 것입니다. 대다수의 기업은 핵심 가치와 인재상을 홈페이지에 공개하고 있습니다. 지원 기업의 핵심 가치와 인재상을 충분히 숙지한 뒤 자신과 연관된 경험을 찾아보는 것이 중요합니다. 자신이 살아오면서 있었던 일을 일기 형식으로 작성해둔다면 나중 긴요하게 활용할 수 있을 것입니다.

그런데 실제 기업들의 인재상과 핵심가치는 비슷한 부분이 많습니다. 이 때문에 지원자들이 지원 기업의 핵심 가치와 인재상에 너무 맞춰 쓰다 보니 자소서가 대부분 비슷할 우려도 있습니다. 핵심가치와 인재상은 일반적인 가이드이고 참고사항일 뿐입니다.

중요한 것은 자신이 왜 그 기업에서 필요한가를 잘 설명해야 합니다. 다른 사람과 차별화된 뚜렷한 특징이 있어야 합니다. 이를 기업의 핵심 가치와 인재상과 잘 조화를 이뤄 작성해야 잘 쓴 자소서입니다. 가장 좋은 것은 회사의 비전과 자신의 비전이 일치하는 것입니다. 입사 후 구체적인 실천계획을 작성한다면 좋은 자소서라 할 수 있습니다.

③ 직무 적합성(직무 역량)

직무 적합성은 기업이 지원자를 선발해 기본적인 업무를 부여하기 위해 필요한 능력을 보유하고 있는지를 확인하기 위한 질문입니다. 직무 적합성에서는 직무 관련 교육이나 자격, 경험·경력 등을 잘 기술해야 합니다. 직무 적합성은 채용 공고 기업에서 직무 설명서를 통해 확인할 수 있습니다. 이전 채용 공고를 잘 확인해 두면 그 부분을 중심으로 미리 준비할 수 있는 이점이 있습니다.

문제는 누구나 쓸 만한 뻔한 스토리는 좋지 않습니다. 식상할 뿐입니다. 남들이 안 겪었을 일, 남들과 차별화된 일을 직무 역량으로 작성하면 인사담당자에게 더 호감을 살 수 있습니다. 인사담당자는 입사 때가 되면 수백 통의 자소서를 보게 됩니다. 그런데 대부분 자소서가 비슷합니다.

취업 Note

【 나의 비전 】

- 3년 뒤 나의 모습

- 5년 뒤 나의 모습

- 10년 뒤 나의 모습

- 15년 뒤 나의 모습

- 20년 뒤 나의 모습

- 25년 뒤 나의 모습

- 30년 뒤 나의 모습

2강. 기출문제

    NCS 기반 자기소개서 질문 문항은 어떻게 될까요? 질문은 채용 직무 관련 능력을 검증할 수 있는 항목으로 구성됩니다. 직무수행능력 검증에 필요한 교육(지식)과 경험, 인성을 구체적으로 작성할 수 있도록 질문을 합니다.

    우리나라 최대 공기업인 한국전력의 채용 사례를 보면, 직무능력기반 자기소개서 질문 문항은 해마다 거의 비슷한 것이 특징입니다. 이는 한국전력만이 아니라 대부분의 공공기관이 비슷한 유형으로 출제합니다.

2017년 상반기 채용 한전 자소서 질문 문항입니다.

1. 지원 분야에 필요한 직무능력을 습득하기 위해 받은 학교교육 또는 직업교육에 대해 기술하십시오. (분야, 과목명, 주요내용, 성과 등/온라인 교육 포함, 100~400자)

2. 지원 분야의 관련 업무를 수행한 경력 또는 관련 활동을 수행한 경험 중 대표적인 것에 대해 기술하십시오. 경력은 금전적 보수를 받고 일정기간 동안 일했던 이력을 의미하며, 경험은 직업 외적인(금전적 보수를 받지 않고 수행한) 활동(산학협력, 팀프로젝트, 연구회, 동아리 · 동호회 등 포함)을 의미합니다. 경력을 기술할 경우 구체적으로 직무영역, 활동/경험/수행내용, 본인의 역할, 주요 성과 등에 대해 작성하시고, 경험을 기술할 경우 구체적으로 본인의 학습경험 혹은 활동내용, 활동 결과에 대해 작성하시기 바랍니다.(100~400자)

3. 지원 분야와 관련하여 현재 귀하의 능력 중 보완할 부분과 해당능력을 향상시킬 수 있는 방안에 대하여 구체적으로 기술하여 주십시오.

4. 귀하가 최근 3년 이내에 속한 조직(팀, 동아리 등)을 위해 헌신적인 노력을 다한 경험

과 그 경험을 통해 얻은 것이 있다면 구체적으로 기술하여 주십시오.

2016년 채용 한전 자소서 질문 문항입니다.

1~2번은 2017년 상반기 채용 자소서 항목과 아예 똑같고, 3~4번만 약간 차이가 있을 뿐입니다.

1. 지원 분야에 필요한 직무능력을 습득하기 위해 받은 학교교육 또는 직업교육에 대해 기술하십시오. (분야, 과목명, 주요내용, 성과 등/온라인 교육 포함, 100~400자)
2. 지원 분야의 관련 업무를 수행한 경력 또는 관련 활동을 수행한 경험 중 대표적인 것에 대해 기술하십시오. 경력은 금전적 보수를 받고 일정기간 동안 일했던 이력을 의미하며, 경험은 직업 외적인(금전적 보수를 받지 않고 수행한) 활동(산학협력, 팀 프로젝트, 연구회, 동아리·동호회 등 포함)을 의미합니다. 경력을 기술할 경우 구체적으로 직무영역, 활동/경험/수행내용, 본인의 역할, 주요 성과 등에 대해 작성하시고, 경험을 기술할 경우 구체적으로 본인의 학습경험 혹은 활동내용, 활동 결과에 대해 작성하시기 바랍니다.(100~400자)
3. 가장 도전적인 목표를 세우고 성취해낸 구체적인 경험이 있다면 구체적으로 그 과정과 결과에 대하여 기술하여 주십시오. (100~400자)
4. 귀하가 최근 3년 이내에 공동(조직) 또는 타인의 이익을 위하여 나에게 예상되는 손해(피해)를 감수하고 일을 수행한 경험이 있다면 구체적으로 그 과정과 결과에 대하여 기술하여 주십시오. (100~400자)

거의 질문 내용이 비슷하죠. 그런데 하나의 공통점이 있습니다. 전부 직무와 관련된 경험을 물어본다는 점입니다. 직무 관련 분야에 평소 관심을 가지고 하나씩 차분히 준비해야 한다는 것을 잊지 마세요.

자기소개서는 주로 〈자기개발능력〉, 〈문제해결능력〉, 〈대인관계능력〉, 〈조직이해능력〉, 〈의사소통능력〉, 〈직업윤리〉 등을 묻습니다. 10가지 직업기초능력을 기반으로 한 지원자의 경험을 물어봅니다. 지원자가 어려움을 어떻게 극복했고, 이를 바탕으로 어떤 교훈을 얻었나를 파악하려 하죠. 이전 자소서 질문 문항이 가족관계와 같은 고리타분한 것이었다면, 앞으로는 지원자의 경험을 묻는 문항들이 계속 나올 수밖에 없습니다.

공공기관 채용 지침에 따르면, NCS 기반 자기소개서는 자기 일대기를 기술하는 방법이 아닌 해당 지원자의 지원 동기(조직/직무) 및 조직적 가치(비전/인재상), 직업기초능력을 평가하기 위한 질문문항으로 구성하는 것을 권장하고 있습니다. 또한 지원자가 작성한 자기소개서를 해당 기업·기관의 기준에 따라 평가하며, 면접에서 지원자에 대한 이해자료로 활용하기를 바라고 있습니다.

블라인드 채용에서는 학력 소개와 사진 기재난이 없기 때문에 지원자를 파악하기에 가장 좋은 자료는 자기소개서입니다. 또한 자기소개서는 중요한 면접 자료로 활용되기도 합니다. 자기소개서가 서류전형 통과를 결정짓는 중요한 자료일 뿐 아니라 최종 면접 당락도 결정할 수 있는 자료입니다. 자소서의 중요성은 아무리 강조해도 지나치지 않겠죠.

취업준비생들은 채용 기업의 인재상과 해당 직무를 잘 파악한 뒤 이를 '스토리텔링화'해서 자기소개서를 작성하는 것이 아주 중요합니다.

그러면 공공기관만 자기소개서 양식이 변했나요?

아닙니다. 일부 대기업과 금융기관 등도 블라인드 채용 스타일로 이미 채용시험을 보고 있습니다. 2015년부터 일부 대기업은 지원자의 직무적합성을 객관적으로 파악하기 위해 자기소개서를 활용하고 있습니다. 자기소개서에 직무 능력을 정량화 할 수 있는 질문을 넣어 회사가 필요로 하는 인재를 채용하고 있죠.

금융기관도 자신만의 창의력, 즉 직무와 관련된 행동을 통해 변화를 이뤄낸 결과를 자소서를 통해 질문합니다. 지원자들이 업종의 특성을 잘 이해하고 있는가를 판단하는 항목을 만들어 직무 능력이 있는 사람을 뽑고 있는 것이죠.

이처럼 취업 시험에 블라인드 채용 방식을 도입한 것은 문재인 정부 이전부터 있었습니다. 이미 시행되고 있었던 제도입니다. 다만, 문재인 정부가 블라인드 채용 제도를 더욱 확장, 시행하고 있을 뿐입니다. 앞으로도 블라인드 채용 방식이 늘어날 수밖에 없기 때문에 취준생들은 이에 맞춰 준비하는 것이 좋습니다.

평소에 경험노트를 적고, 경험노트 중 직무와 연관된 사례를 자기소개서에 작성하는 것이 좋습니다. 자기소개서에 쓸 직무경험이 없는데 어떻게 해야 하나? 이렇게 질문하시는 분들이 있습니다. 직무경험은 해당 직무와 유사한 동호회 활동이나 팀 과제 수행, 사회 봉사활동, 아르바이트 경험 등 일상의 사소한 경험 등을 작성해도 무방합니다.

자신이 쓴 자기소개서를 주위 사람들에게 보여준 뒤 평가를 받아보고, 계속 수정한다면 좋은 작품(?)이 만들어질 수 있습니다. 자기소개서를 쓸 때 해왔던 활동 중 관련성 있는 것을 골라 작성하면 됩니다.

NCS 자기소개서나 면접 질문 문항은 대단한 경험이나 경력을 물어보는 것이 아니라 우리 일상생활과 관련된 내용이 주를 이룹니다. 대단한 경험이나 경력이 없다고 해서 결코 실망하지 마십시오. 그동안 이루었던 작은 성과들도 모두 본인의 경험과 지식으로 쌓인 것이기 때문에 소중한 경험 또는 경력이 되는 것입니다. 사소한 경험이라도 본인이 무엇을 느끼고 교훈은 무엇이었나를 명시하는 것이 좋습니다. 다양한 경험을 하는 것도 좋지만, 자신만의 색깔을 찾는 것이 더 중요합니다.

사소한 경험도 하나하나 생각해보고 나열해보세요. 그 경험들을 통해 무엇을 배웠는지, 어떤 직무와 연관이 되는 지 생각해보세요. 지원기관이 원하는 직무역량과 취준생의 관련 경험들을 잘 엮어내는 것이 중요해요. 인턴경험은 사회생활, 조직문화를 미리 경험한 것이라 할 수 있습니다. 자신의 스토리에 경험을 잘 녹여내는 것이 중요합니다.

자기소개서에는 직무와 관련되지 않은 내용은 가급적 적지 않는 것이 좋습니다. 왜냐하면 회사 측에서는 직무와 관련되지 않은 내용은 중요하지 않다고 판단하고 있으며, 이러한 내용을 적었다면 괜히 지면을 낭비하고 있다는 생각을 할 수 있기 때문입니다. 예전의 자기소개서는 직무와 관련된 질문이 없습니다. 그러나 NCS 자소서는 직무와 관련된 경험이나 경력을 중요한 기준으로 생각하고 있습니다.

정형화된 자기소개서 형식이 있기 때문에 취준생 여러분들이 미리 준비만 한다면 자소서 작성 때문에 골치 아플 일이 하나도 없습니다. 너무 걱정 마시고 지금부터 준비하면 늦지 않았습니다.

취준생 여러분, 파이팅!!!

한전 KDN 자기소개서

[직무경력 및 경험기술서]

1. 한전KDN에 입사하기 위해 어떠한 노력을 하였는지 본인의 경험 등을 기반으로 상세히 기술하여 주십시오.
   - 직무경력이 있는 경우는 직무영역, 활동, 경험, 수행내용, 본인의 역할 및 구체적 행동, 주요성과에 대하여 기술하여 주십시오.
   - 직무경력이 없는 경우는 지원분야 관련 교육사항 및 경험사항의 주요 내용에 대하여 기술하여 주십시오.

   (글자수는 500자 이상, 1000자 이내로 입력하여 주십시오.)

[조직이해능력 및 기여도]

2. 본인이 생각하는 한전KDN이라는 조직의 역할과 책임은 무엇이며, 한전KDN 직원이 되었을 때 조직의 가치창출에 어떻게 기여할 수 있는지 본인의 경험에 기초하여 기술하여 주십시오.

   (글자수는 500자 이상, 1000자 이내로 입력하여 주십시오.)

[문제해결능력]

3. 2개 이상의 중요한 가치, 원칙 등이 충돌하는 상황에서 전략적으로 해결한 경험에 대하여 기술하여 주십시오. 당시 어떠한 상황이었으며, 이를 해결하는 과정에서 발생한 어려움을 어떻게 극복하였는지 구체적으로 기술하여 주십시오.

   (글자수는 500자 이상, 1000자 이내로 입력하여 주십시오.)

[전문성]

4. 지원 분야에 관련된 본인의 직무전문성을 향상시키기 위해서 어떠한 노력을 하였는지 최근의 사례를 구체적으로 기술하여 주십시오. 그러한 노력을 하게 된 계기는 무엇이며, 결과적으로 본인이 지원한 분야에 어떤 도움이 되었는지 구체적으로 기술하여 주십시오.

   (글자수는 500자 이상, 1000자 이내로 입력하여 주십시오.)

[윤리의식]

5. 직장인으로서 특히 공공기관 직원으로서 윤리의식이 왜 중요한지 본인의 가치를 중심으로 기술하여 주십시오.

   (글자수는 500자 이상, 1000자 이내로 입력하여 주십시오.)

출처 : 한전KDN 채용공고(2017년)

3강. 자기소개서 작성 기본원칙

두괄식 문장으로 작성

자기소개서를 쓸 때에는, 전달하려는 내용을 정리해 문두에 배치하는 두괄식으로 작성하는 것이 좋습니다. 많은 지원자들이 자기소개서를 쓸 때, 일목요연하게 정리하지 못 합니다. 쓰기 전에, 전체적인 큰 흐름을 머리로 정리하고 쓰지 않아 미괄식으로 끝내는 경우가 많죠.

전체적으로 단락마다 한두 문장만 읽어도 어떤 주제인지 알 수 있도록 두괄식 문장으로 구성하는 것이 좋습니다. 두괄식 형태가 많은 신문기사를 읽고 비슷한 스타일로 쓰는 연습을 하는 것이 큰 도움이 됩니다.

두괄식으로 자기소개서를 시작했다면, 모아진 관심을 끝까지 유지하는 것이 좋습니다. 인사 담당자의 흥미를 유발시켰는데, 용두사미가 되어버리면 그것도 낭패라고 할 수 있죠. 흥미를 유발시킨 두괄식 문장을 이어받아, 스토리를 엮어 끝까지 글을 잘 마무리해야 합니다.

그렇다고 모든 문장을 두괄식으로 쓰라는 것은 아닙니다. 오히려 사례를 앞에 제시한 뒤 논리적인 주장을 한다면 훨씬 설득력이 있습니다. 상황에 따라 두괄식 문장으로 쓸지, 아니면 사례를 앞세울지 결정해야 합니다.

군더더기 없는 문장

한 문장에 두 가지 이상의 의미가 담겨 있으면 호흡이 가빠지고 내용 전달이 어렵습니다. 문장에는 군더더기가 없어야 합니다. 문장은 단문으로 쓰는 것이 좋습니다. 해야 할 이야기는 다 하되, 너무 길게 늘어놓아서는 안 됩니다.

'그리고, 그래서, 그리하여, 또한' 등으로 이어지고, 꼬리에 꼬리를 이으며 길어지는 글은 좋지 않습니다. 내용을 아무리 잘 써도 인사담당자에게 좋은 인상을 줄 수 없습니다. 문장을 쓸 때에는 단문으로 연결해 간결성을 확보해야 합니다. 간결한 단문은 문장의 핵심을 인사 담당자에게 전달함으로써 전달력과 설득력을 높일 수 있습니다.

간결한 자기소개서는 내용의 핵심만을 군더더기 없이 전달하는 자기소개서를 말합니다. 간결한 것이 좋다고 해서 문장의 수식어를 단순히 줄이라는 말이 아닙니다. '성공적이었습니다.' 와 같이 성의 없고 구체성 없이 자신의 성과를 드러내는 것이 아니라 '전년 대비 월매출이 10% 증가했습니다.' 처럼 구체적으로 제시하는 것이 여기서 말하는 간결한 문장에 더 부합합니다.

자기소개서가 간결하다고 느껴지기 위해서는 먼저 자신이 전달하려는 메시지가 확실해야 합니다. 자신을 부각하고 싶은 욕심 때문에 한 항목에 여러 가지 이야기 또는 장점을 집어넣으면 읽는 사람은 핵심을 파악하기 어렵습니다. 핵심만을 담아 약간 부족하게 작성하는 것이 더 낫습니다. 하나의 이야기를 통해 하나의 강점을 제대로 전달하는 것이 훨씬 효과적입니다.

간결한 자기소개서 작성을 연습하려면 키워드를 활용해보세요. 장황하다고 생각하는 자신의 자기소개서에서 키워드를 찾아내 이 키워드를 잘 표현하고 있는지 확인하고 불필요한 부분을 없애려는 노력을 할 필요가 있습니다.

자기소개서는 이력서와 마찬가지로 쓸 이야기는 다 쓰되 너무 장황하면 안 됩니다. 즉, 문장은 간결, 명확하면서도 구체적이고 현실성 있는 어휘를 사용해야 하며 설득력과 논리를 갖추어야 합니다.

한 문장에는 하나의 주제만 담겨 있어야 합니다. 여러 의미나 많은 주제가 한 문장에 담겨 있으면, 읽는 이는 금방 피로해집니다. 한 문장 안에 하나의 주제만을 담기 위해서는, 자신의 욕심도 같이 버려야 합니다. 너무 많은 내용과 경험, 장점을 전달하려고 해서는 안 됩니다. 읽는 사람이 피곤하고, 읽는 사람에게 좋은 인상을 줄 수가 없습니다. 채용기업에서 바라는 경험, 장점을 잘 선택해 중요한 부분만 간단, 명료하게 전달하는 것이 필요합니다. 자기의 경력이나 장점을 쓸 때, 나열식으로 쓰면 좋은 점수를 받지 못합니다. 식상하기 때문이죠. 채용 기업에서 꼭 필요하다고 생각하는 '핵심 경력이나 장점' 만을 골라서 돋보이도록 써야 합니다. 일관성 없고 군더더기가 있는 자기소개서는 면접위원의 주목을 받을 수 없습니다. 지원하는 분야가 사회복지면, 복지 쪽으로 가장 돋보이고 다른 지원자들과 차별화 할 수 있는 소재를 찾아 잘 가공해 양념을 쳐서 스토리로 엮으세요. 경험을 통해 자신의 경험뿐만 아니라 지혜와 안목도 넓어졌다고 연결 지으면 금상첨화입니다.

간결한 문장과 함께 주어와 서술어의 일치도 중요합니다. 우리가 간과하기 쉬운 글쓰기의 실수 중 하나가 주어와 서술어의 불일치입니다. 주어와 서술어가 호응하지 않는 문장이 많습니다. 주어와 서술어가 맞지 않으면, 인사 담당자는 글쓴이의 기본을 의심합니다. 심지어 읽고 싶은 마음이 떨어지죠. 주어와 서술어의 호응은 글쓰기의 기본 중 기본입니다.

항목별 제목 작성

각 항목에는 소제목을 달아주는 것이 좋습니다. 소제목은 자신의 강점과 특성을 쉽게 전달할 수 있어야 합니다. 신문기사의 헤드라인처럼 내용을 압축할 수 있는 소제목을 달아주는 연습을 하는 것이 중요합니다.

아무리 좋은 내용도 인사 담당자의 눈에 들지 않으면 소용이 없어지는 것입니다. 인사 담당자의 눈에 들기 위해서는 제목을 달거나, 두괄식으로 문장을 기술하는 것이 좋습니다. 자기만의 경험을 바탕으로 독특한 제목을 붙이는 것이 좋습니다. 강한 느낌의 제목으로 인사 담당자의 눈길을 끌어보세요. 주제를 꿰뚫으면서도 온전히 나를 보여줄 수 있는 제목을 달아야 합니다.

예를 들어 K군은 롯데마트 지원동기 항목에 '국위선양' 이라는 단어를 소제목으로 사용해 지적을 받았습니다. 진정성이 없다는 이유에서였습니다. 인사팀은 "국위선양이라는 소재의 식상함은 제쳐두고라도 지원 동기를 지원자 스스로가 찾지 못했거나 구체화시키지 못한 모습"이라며 "우리 마트에 지원하고자 하는 이유를 지원 동기에서 찾을 수가 없어 다른 지원자들과 차별점을 찾을 수 없었다."고 설명했습니다. 교환학생 당시 롯데마트가 해당 지역에 점포를 개발한다는 소식을 들었다면 '어떤 관심이 생겼는지, 그래서 어떻게 행동으로 연결했는지'에 대해 자세하게 서술해야 합니다.

하지만 제목을 쓸 수 있는 공간을 주지 않고 바로 자기소개서를 작성하는 경우도 많습니다. 대부분 요구하는 분량이 적어 제목을 달고 한다면 너무 쓸 말이 없기 때문에 상황에 맞춰 제목을 쓸지 말지를 결정해야 합니다.

자기소개서를 쓸 때, 다른 사람들과 차별화 할 수 있는 방법은 핵심이 잘 나타나도록 제목을 작성하는 것입니다. 하지만 그것 말고도 자기소개서를 더욱 빛나게 하는 방법이 있습니다. 핵심사항이나 강조하고 싶은 곳에 밑줄을 긋는 것입니다. 제목과 밑줄을 센스 있고 전달력 있게 사용하면 인사 담당자에게 수백, 수천 개 비슷한 자기소개서와는 다른 사막의 오아시스를 발견한 느낌을 전달할 수 있을 것입니다. 이 정도의 차별성을 발휘해야 면접에 붙지 않을까요.

그런데 문제는 대부분 인터넷 상으로 자기소개서를 접수받기 때문에 밑줄을 넣지 못할 수도 있습니다. 그럴 경우는 어쩔 수 없죠. 다만 자기만의 문장 강조 방법이 있으면 좋다는 것입니다.

본인이 직접 작성

자기소개서는 긍정적이고 진솔하게 본인이 직접 작성해야 합니다. 자신을 돋보이게 하고 싶어서 또는 부정적 인생관, 사회관을 감추기 위해 남이 대신 작성한 글을 쓰면, 면접에서 난관에 봉착하기 쉽습니다. 거짓말은 또 다른 거짓말을 초래하기 때문이죠. 면접위원들은 수백, 수천 명의 지원자를 상대한 베테랑입니다. 달달 외워가서 위기를 모면하려 해도, 귀신같이 알아채는 것이 면접위원들입니다.

조금은 부족해 보이지만 솔직하고 진솔하게 자신만의 경험을 개성이게 엮어 자신만의 자기소개서를 작성해보세요. 본인의 가정형편이나 성장과정이 어려워, 남들에게 말하기가 창피할지라도 숨기지 말고 오히려 이를 극복한 에피소드를 들려줌으로써 위기를 기회로 삼아봅시다. 자기소개서에 과장이나 거짓된 내용이 있어서는 절대 안 됩니다. 인사 담당자들은 한번 보기만 해도 그 내용이 거짓인지 진실인지를 분간해낼 수 있습니다. 자기소개서에는 진실만을 써야 합니다.

'자기 자신'에 대해서 써야지 '자기 자신이 되고 싶은 것'에 대해서 쓰면 안 됩니다. 지원자들은 자신들을 좀 더 포장하고 싶은 욕구가 있습니다. 하지만 입사 후라도 들통이 날수 있다는 것을 명심해야 합니다.

솔직한 자기소개서는 자신의 강점만을 강조하는 것이 아닙니다. 부족한 점도 함께 이야기해야 솔직하고 인간적인 자소서가 될 수 있습니다. 자신의 강점도 구체적인 근거로 말해야 합니다.

"우리 동아리 활동은 놀라운 성과를 이루었고, 성황리에 마쳤다."라고 적는 것 보다는 "참여인원은 작년보다 1.5배 늘었지만, 매출은 전년보다 감소했다. 그 이유는 타깃을 잘못지정한 것 같았다. 그래서 다음 해에는 타깃을 잘 잡을 수 있도록 노력했고 매출에서도 신장을 가져왔다."며 강점과 단점을 같이 말하며 진솔하게 자신의 활동을 평가하는 것이 더좋은 점수를 받을 수 있습니다. 자신의 자랑만 하는 지원자보다는 장점을 제시하지만, 단점으로부터 배울 수 있는 지원자가 면접위원으로부터 더 좋은 인상을 받을 수 있습니다.

난관을 극복했을 때 책임은 다른 사람에게 전가하고, 극복은 자기의 몫이라고 기술하기보다는, 본인의 잘못으로 난관이 발생했고, 주변사람들의 도움으로 문제를 해결할 수 있었다고 밝히는 것이 더 좋은 자기소개서입니다. 인사 담당자들은 지원자의 인성적인 측면도 중시합니다. 자신의 장점도 잘 어필해야 하지만 솔직하게 단점도 인정하고, 근거가 있는 성과만을 적는 것이 좋습니다.

한 기업체에 지원했던 취준생의 합격사례입니다.

그는 "희망직무 준비과정과 희망직무에 대한 본인의 강점과 약점을 기술해 주세요."라는 직무경험 항목에 공정설계 경진대회에 참가해 장려상을 받은 스토리를 적었습니다. 이지원자는 자신이 왜 장려상에 그쳤는지 파악하기 위해 대상과 최우수상을 받은 팀에게 부탁했습니다. 결과 리포트를 입수해 자신의 문제점을 발견한 이야기를 중심으로 작성했죠. 팀의 리더였던 자신이 보다 전체적인 공정을 보지 못하고 열역학 방정식과 증류탑 등 세부적인 측면에만 집중하는 등 큰 그림을 못 봤다고 솔직히 고백했습니다. 이후 그런 문제점을 고치기 위해 화학공정에 관련된 책과 논문을 통해 통찰력을 키우기 위해 노력해 왔음을 이야기했습니다. 학부에서 배운 지식보다 입사 후에 실무를 통해 배우는 지식이 더 중요하다는 자신의 생각을 이야기하며, 최고의 생산관리 엔지니어가 되겠다는 다짐을 밝혔습니다. 결국 합격으로 이어졌죠.

대부분 취준생은 경진대회에서 실제 받은 장려상을 우수상으로 살짝 바꾸고 팀리더였던 자신의 역할이 컸다고 자랑하고 싶은 유혹에 빠졌을 것입니다. 하지만 이 지원자는 장려상을 받은 것에 만족하지 않고 그 원인을 분석하고, 문제점이 자신에게 있음을 고백함과 동시에 이를 개선하기 위한 노력을 이야기함으로써 인사담당자로부터 좋은 평가를 받았습니다.

종종 자신을 어필하는 것이 중요하다고 생각한 나머지, 신화에 가까운 과장된 내용으로 자기소개서를 작성하는 지원자도 있습니다. 소설에 가까운 이런 내용은 인사 담당자들은 금방 파악합니다. 중요한 것은 '내가 얼마나 대단한 사람인가' 가 아니라 '얼마나 차별화되는 사람인가' 라는 것입니다.

과장한 사실이 면접에서는 밝혀지지 않았다 하더라도, 합격한 뒤에도 얼마든지 합격이 취소될 수 있음을 잊지 말아야 합니다. 한 취업포털 사이트에서 실시한 여론조사를 보면, 자기소개서에 과장이나 거짓 내용을 적었기에 취직 후 합격이 취소된 사례가 11.6%나 됩니다. 통계를 인용하면 자신의 주장에 신빙성을 얻을 수 있고, 전문지식이 있음을 드러내 능력 있는 지원자라는 인식을 면접위원에게 심어줄 수 있습니다.

4강. 자기소개서 작성순서

자기소개서를 쓸 때 늘 명심해야 하는 것은 객관적인 시각을 유지하는 것입니다. 자신의 성향과 개성, 강점을 잘 알아야 합니다. 자신을 객관적으로 보고 이를 자기소개서로 작성하는 연습을 자주 해 보세요. 끊임없이 '왜' 라는 질문을 자기에게 던져보고, 답을 구해볼 필요가 있습니다. 나만의 개성 있고 구체화된 스토리를 만드는 것이 중요합니다.

다음은, 나의 장점과 단점을 통해 내가 지원하는 업무에 자신이 적합하다는 논리적인 이유를 설명해야 합니다. 이 과정은 지원하는 업무에 대한 깊은 고민과 성찰이 있어야 하는 일이죠.

이 작업이 끝나면 자신감 있게 자기소개서를 쓸 수 있게 됩니다. 한때의 유행에 맞추어 또는 전공에 맞추어 직장을 선택하면 본인도 기업도 손해입니다. 평생 자기 자신의 능력을 펼치며 살아가기 위해서는 지원자는 지원기업의 인재상과 자신이 정확히 일치함을 확신해야 할 것입니다.

자기소개서 작성에는 정답이 없습니다. 그러나 각자의 방식대로 진솔하게 자신의 경험과 생각을 정리해 작성한다면, 정답과 가까운 자기소개서가 될 수 있을 것입니다.

인사 담당자에게 좋은 점수를 받을 수 있는 추가적인 방법이 있습니다. 그것은 지원하는 직무와 관련해 다른 지원자가 갖고 있지 않은 차별적 경험과 직무능력을 강조하는 것입니다. 취미, 특기 같은 자기개발도 신입 사원으로서 조직생활을 하는 데 꼭 필요한 요소입니다.

평범한 경험일지라도 논리적 구성과 구체적 근거를 중심으로 작성하세요. 인턴, 아르바이트, 동아리, 공모전 등은 누구나 경험합니다. 경험 자체만으로는 의미가 없습니다. 경험에 의미를 부여해야 다른 사람들과 차별화될 수 있습니다. 구체적 사실이나 근거 등을 제시하는 과정을 스토리를 만들어 전개해야 인사 담당자의 관심을 끌 수 있습니다.

지원기업 파악 및 분석

적을 알고 나를 알아야 싸움에서 승리할 수 있습니다.

먼저 채용기업과 기관, 해당 지역에 대해 잘 알고 있어야 합니다. 그런데 의외로 취준생들은 그렇지 않습니다. 지원하려는 기업에 대해 많이 알지 못해 자기소개서나 면접에 그 내용이 없다면 인사담당자의 관심에도 들지 않습니다. 채용 기업 또는 기관에서도 급작스레 지원한 지원자보다는 오랫동안 이에 맞춰 준비를 한 지원자를 더 높게 평가하고 이런 사람을 뽑으려고 합니다. 채용기업과 기관, 그 기관이 있는 지역에 대해 자세히 알고 있어야 서류 전형에서 좋은 점수를 얻을 확률이 더 높습니다. 면접 시 기업의 비전을 자신의 강점과 연결해 어필하면 더욱 좋겠죠.

① 원하는 인재상 파악

우선 채용 기업과 기관 홈페이지에 들어갑니다. 그 곳의 주된 사업과 원하는 '인재상'이 무엇인가 파악합니다. 다음은 채용공고에서 '직군'을 살펴봅니다. 직군은 기관마다 다르지만, 그 직군이 무엇을 하고 어느 영역을 담당하는지 설명이 있습니다. 사업영역과 직군을 매칭해 보면 어느 정도 파악이 됩니다. 그 사업을 수행하기 위해 필요한 능력을 NCS 기반으로 분석·파악해 그에 맞게 준비를 하는 것이 많은 도움이 될 것입니다. 자기소개서에는 '내가 그 사업 영역에서 무엇을 기여할 수 있으며 근거는 이거다.'는 메시지 하나를 요구된 분량에 맞춰 담는 것입니다.

② 지원자와 기업 인재상 일치

기관에 대한 전반적인 현황 파악을 했다면, 다음으로는 지원자가 지원하고자 하는 곳의 직무에 대한 이해가 있어야 합니다. 들어가고자 하는 기업에 관한 관심과 직·간접 체험, 열정을 '지원동기' '입사 후 포부' 항목에 담으세요.

자기소개서에 지원 기업만을 위한 것이라는 느낌을 전달하기 위해서는 지원자의 경험과 생각이 그 기업의 핵심가치와 인재상과 정확하게 일치되어야 합니다. 지원하는 기업의 면접위원에게 '우리가 찾는 바로 그 사람'이라는 인식을 심어주어야 최종합격을 할 수 있습니다.

지원한 기업에 대해 철두철미하게 대비하지 않는 건 시험을 앞둔 취업준비생들 사이에서 전반적으로 나타나는 문제입니다. 마치 수능 공부하듯 지원한 기업의 인재상과 비전·전략 등을 달달 외우고 면접에 임하는 것이 좋습니다.

주제·방향 및 개요 작성

자기소개서의 꽃은 질문의 의도를 파악하는 것입니다. 자기소개서는 보통 항목당 500자에서 800자, 많으면 1,000자이죠. 길다면 길고 짧다면 짧습니다. 한 문장씩 쓰지 않으면 글을 적는 도중에 내가 무슨 말을 하려 했는지 놓쳐버리기 쉽습니다. 너무 늘려 쓰려고 하지 말고 간결하게 작성하는 것이 필요합니다.

주제와 방향을 결정하는 것에 많은 지원자들이 어려움을 나타냅니다. 자신의 지원 분야와 자신의 경험을 연결시키려다가 많은 지원자들이 실패를 하게 되죠.

롯데의 인사팀은 유통업체의 해외진출에 관한 경험을 지원자들의 경험과 연결하라는 예를 제시했습니다. 어떤 지원자는 이 경험으로 인천지역 대학생 모임을 운영한 경험과 학교 축제에서 방문객들에게 인도네시아 음식과 음료를 판 것을 적었지만, 오히려 다른 지원자의 인도네시아 지진 피해 성금 마련을 위한 전통 음식 판매 수익 창출 사례가 훨씬 더 적합하고 매력적이라고 밝혔습니다.

주제방향을 정했다면 다음은 개요를 작성해야 합니다. 한 번에 일사천리로 자기소개서를 작성하지 말고, 먼저 개요를 작성하는 습관을 들이세요. 개요가 잘 작성되면, 그 글은 50% 이상 완성된 것이나 마찬가지입니다. 개요를 작성해 여러 번에 걸쳐 개요를 수정 보완합니다. 각 문항별로 한 문장을 넘지 않게 써보세요. 한 문장으로 정리해야, 그만큼 명확해집니다.

본문 작성과 퇴고

요즘은 인터넷으로 예제라던가 취업 성공한 자기소개서 후기를 어렵지 않게 구할 수 있습니다. 그런 식으로 하다 보면 같은 예제를 참고한 사람들이 같은 곳에서 면접을 보게 되는 상황도 발생할 수 있습니다. 인사 담당자들은 천편일률적인 내용은 성의 없다고 판단합니다.

성공한 다른 사람 것을 참조하는 것이 좋지만 참조는 어디까지나 참조일 뿐이죠. 자기소개서는 본인 스스로 최선을 다해 자기만의 독특한 사례를 적어야 합니다.

경력직에게는 포트폴리오나 업계에서 평판, 내가 실제로 이뤄놓은 실적 등이 있습니다. 그러나 신입사원에게 자기를 잘 알릴 수 있는 방법은 한계가 있습니다. 그렇기 때문에 자기를 잘 표현한 자기소개서가 중요합니다. 내가 가진 경험들을 채용기업, 해당 직군에서 얼마나 기여할 수 있을지 기술을 잘하는 것이 필요합니다.

자기소개서를 보고 면접위원이 궁금증이 생겨 면접 때 질문으로 이어진다면 좋은 자소서입니다. 자기소개서 작성도 하고 면접 준비도 하는 '일석이조(一石二鳥)'의 효과라고 할 수 있습니다.

퇴고도 중요합니다. 자기소개서는 입사서류 중 하나입니다. 기본적으로 단어나 어휘 사용에 있어서 실수가 있어서는 안 될 것입니다. 정확한 어휘를 사용했다 하더라도, 어색한 문장은 수정되어야 합니다. 오탈자와 띄어쓰기도 꼭 체크해야 합니다. 오탈자와 띄어쓰기가 제대로 되어 있지 않으면, 국어실력을 의심받을 뿐 아니라 성의부족으로 좋지 않은 인상을 심어줄 수 있습니다.

흔히들 오타나 탈자를 작은 실수라고 치부하려고 하지만 인사 담당자에게는 성의부족과 국어실력 미달로 인식될 수 있습니다. 중대한 실수가 될 수 있는 것입니다. 여러 번 반복해 읽으면서 내용과 문장을 모두 수정합니다. 오자나 탈자에도 주의해보세요. 충분한 시간을 들여 깔끔하게 작성하면 내용과 형식 모두 충실한 자기소개서가 될 수 있습니다.

5강. 자기소개서 작성 요령

글의 내용

① 자소서 소재 확보

사소한 것이라도 소재를 많이 확보하십시오. 자기소개서를 쓸 때, 취준생들의 공통적인 고민은 '내가 그런 경험을 했나?' 하는 것입니다. 많은 취준생들이 자기소개서를 쓸 만큼의 깊은 경험이나 철학을 가지지 않았다고 생각합니다. '난 그냥 살아온 평범한 사람' 이라고 여깁니다. 그런 사람들은 자기를 정리하는 시간을 차분히 가져야 합니다.

최저임금을 받으며 했던 아르바이트, 학교에서 억지로 했던 봉사활동, 친구 따라 얼떨결에 따라갔던 여행, 밀려서 해보게 된 회계, 집안에서 터진 갑작스런 불행한 사건 등이 다 자기소개서를 빛나게 할 재료가 될 수 있습니다. 자기소개서를 쓰면서 자신을 돌아보면, 자신의 인생도 풍부해지는 것을 느낄 수 있을 것입니다.

사소한 동기라고 생각했던 것들이 깊이 자신을 돌아보면 그것은 강한 동기였고, 자기소개서를 차별화 시킬 만큼의 좋은 소재입니다. 우리나라 학생들은 선택권이 없는 학창생활을 보내는 경우가 많지만, 그 학창생활 안에서도 강력한 동기는 늘 숨어 있다는 것을 잊지 마세요.

무엇을 극복한 사례, 리더로서 무슨 단체를 이끌었던 사례도 주어진 자신의 여건 안에서 잘 기술해보세요. 어떤 식으로 장애물이 사라졌으며, 절차가 개선되었는지를 곰곰이 생각해보고, 교과서 또는 교과서 외의 공부, 멘토의 가르침, 친구들과의 토론, 자신만의 성찰로 난관을 극복한 사례를 써보세요.

어느 대회에서 상을 받은 것도 좋은 자기소개서의 소재가 될 수 있지만, 주위 사람들에게 받은 평가도 매우 중요합니다. 주위의 평가 일지라도 자기 인생에 의미가 남을 수 있습니다. 취준생이 생각지도 못했던 에피소드나 장점을 주위 사람들은 알고 있을 수 있기 때문에 그들에게 물어보는 것도 필요합니다.

사람은 끊임없이 배우는 존재이고, 그 사람이 속한 조직이나 단체도 마찬가지입니다. 무엇을 통해서 자기가 얼마나 발전했는지를 알아보고 생각한 후 자기소개서에 쓰는 것도 면접위원에게 좋은 인상을 줄 수 있습니다. 위 방법을 통해 억지로라도 적어보고, 생각하고, 수정하고, 또 생각하고 그러면서 자기소개서를 써보세요. 이러한 과정 안에서 자기의 성장도 있고 멋진 글이 나올 수 있을 것입니다.

소재를 생각해 낼 때는 마인드맵 방식으로 하세요. 글의 구조를 짤 때 큰 도움을 줍니다. 마인드맵을 활용해 자기소개서 항목을 카테고리로 분류해보세요. 자기소개서의 큰 전략을 짜는데 좋습니다. 그리고 정리된 각 항목을 자기소개서에 써보세요.

어떤 위기상황이 발생했을 때, '이에 대한 정확한 진단을 하고 이에 따른 처방책과 구체적인 행동을 한다면 위기가 해결될 것이다.' 라는 구조를 짤 필요가 있습니다.

재미있는 자기소개서란 남들과 다른 이야기, 강점, 생각을 쉽게 전달하는 것을 말합니다. 히말라야를 등반하고 왔다고 해서 그것이 꼭 재미있는 자기소개서가 되는 것이 아닙니다. 올림픽에 나가서 금메달을 땄다는 것이 꼭 그 자신을 남들과 차별화 시켜주는 것도 아니죠. 그 소재에는 감동과 의미가 담겨 있어야 하며, 소재들을 연결해 스토리로 만들어야 재미있고 인상적인 자기소개서가 되는 것입니다.

사소한 경험이라도 남들과 다른 시각을 통해 자신의 창의적인 생각을 보여주면 그것도 재미있는 자기소개서가 될 수 있습니다. IQ가 높은 것이 쓸거리가 되는 것이 아니라, IQ가 낮았지만 어떻게 극복했는가가 더 좋은 소재입니다. '어려서 IQ가 낮아 낙담했던 일들이, 전화위복이 되어 후일의 자기 내면의 깊음을 만들어주었다.' 같은 감동적이고 의미 있는 스토리가 자기소개서에 담겨야 합니다.

재미있는 자기소개서는 평범한 경험이라 할지라도 다른 사람과 다른 시각에서 본 자신만의 세계를 이야기하고 자기의 강점을 드러내는 것입니다. 억지로 다른 사람과 다른 경험을 적기보다는 조용히 자기 내면으로 들어가 자신만의 이야기를 찾도록 노력해야 할 것입니다.

② 소재에 의미부여

자기소개서를 작성하기에 앞서 먼저 자신에 대한 고찰을 할 필요가 있습니다. 많은 취준생들이 자신에 대해 잘 모르고 있습니다. 자신의 별명, 취미, 특기, 장·단점, 좋아하는 것, 싫어하는 것, 좋은 습관, 나쁜 습관, 좋았던 기억, 힘들었던 기억, 친구에게 요구하는 것, 자기 자신에게 요구하는 것, 존경하는 인물, 봉사활동 경험, 아르바이트 경험, 취득 자격증, 자신이 잘 하는 것, 자신이 못하는 것 등에 대한 고찰이 별로 없습니다. 자신의 과거로 돌아가는 시간여행에서 특별한 소재를 찾으세요.

소재가 준비되었으면, 어떻게 잘 포장할 것인가 연구해야 합니다. 많은 취준생들이 자기소개서를 어려워하고, 채용기업에서도 자신의 진가를 알아봐주지 않는다고 불평합니다. 같은 또래의 지원자들이 많기 때문에, 특별한 몇몇 지원자들을 제외하고는 지원자들의 소재나 재료는 거의 다 비슷할 수밖에 없습니다. 이런 자기소개서에서 '아 ○○한 사람'이라고 강한 인상을 심어 주었다면, 당신은 성공한 것입니다.

자기소개서의 잘못된 유형 중 한 가지는 자신의 수많은 아르바이트 경험을 나열하는 것입니다. 물론 어려운 현실에서도 주경야독(晝耕夜讀)하는 훌륭한 학생이자 자식임을 강조하는 방법이 될 수도 있습니다. 하지만, 다양한 아르바이트 경험은 이미 대학생 대부분이 겪는 현실입니다. 어떤 인사 담당자는 '아르바이트를 열심히 한 것을 보니 정말 성실하고 책임감 있는 학생이다.'라고 긍정적으로 생각할 수 있습니다. 그러나 '대학 다닐 동안 아르바이트를 그렇게 많이 했으니, 공부는 제대로 했을까?'라고 역으로 생각할 수도 있습니다. 과거의 내 활동을 시간 순으로 나열하는 것은 좋은 방법이 아닙니다. 그 활동들에 특별한 '의미'를 부여해야 합니다. 의미 없는 사례의 나열은 인사 담당자들을 식상하게 만듭니다.

자원봉사와 같은 경험도 거의 절반이 비슷합니다. 해외봉사를 갔다거나, 국토대장정은 단골메뉴입니다. 이런 경험이 특별하다고 생각하지만, 흔한 경험입니다. 면접위원들은 수많은 해외봉사단들과 국토대장정을 한 사람을 만나봤고, 이런 경험 자체가 지원자들을 차별화 시켜준다고 생각하지 않습니다. 경험에 의미가 부여되어야 하는 것입니다.

'스펙', '학력', '경험'들이 모두 비슷비슷하기 때문에, 자신의 경험에 의미를 부여해 희소성을 띄게 만들어야 합니다. 국토대장정을 갔다 왔어도, '앞만 보고 걸으며 인내심을 발휘했습니다.' 라고 쓰는 것 보다 '내 조국을 한 걸음 한 걸음 밟아 나가며, 힘듦을 극복한 경험은 내 부서의 일이 아무리 힘들어도 한 걸음 한 걸음 딛고 나아갈 수 있는 자신감을 얻게 했다.' 고 쓰는 것이 더 낫다는 것입니다. 지원자들의 경험이 비슷할지라도, 같은 일을 다르게 표현한 지원자에게 더 관심이 가는 것은 인지상정일 것입니다.

흔한 경험을 재해석하는 능력이 뛰어나야 잘된 자소서입니다. 자기소개서를 설득력 있게 인사 담당자에게 어필시키기 위해서는 그들의 마음을 사로잡아야 합니다. 그저 자신의 장점을 많이 열거한다고 자신이 능력 있는 사람으로 어필된다고 생각하면 오산입니다. 설득력 있는 자기소개서는 자신의 강점과 능력을 구체적인 사례와 경험을 통해 면접위원을 설득시키고 믿음을 주는 것입니다. "최선을 다하겠습니다."와 같은 막연한 다짐보다는 "매주 3건의 계약을 달성하고 마케팅 대책을 세워 매년 6%의 성과 향상을 기하겠습니다." 라는 구체적이고 열정적인 다짐이 인사 담당자에게 더 좋은 인상을 줄 수 있습니다.

자신을 차별화시키는 방법은 구체적인 사례를 발굴해 여기에 인상적인 스토리로 옷을 입혀야 합니다. 스토리란 '사실에 감정을 입힌 것' 이라고 말합니다. 즉, 세부적이고 구체적인 사례에 감정을 실어 인상적인 스토리로 만든다면 인사 담당자의 흥미를 불러올 수 있습니다. '경험' 에 '스토리' 를 입혀야 합니다. 스토리로 잘 엮어야 평범한 사례들도 진부함에서 벗어나 개성을 띌 수가 있습니다.

많은 취준생들이 자기소개서를 통해 인사 담당자를 설득하기 보다는 자기소개서의 문장에 더 신경을 쓰는 것 같습니다. 자기소개서의 문장은 설득력을 높이는 도구로 써야지, 주가 되서는 안 됩니다. 이를 위해서는 스토리 자체에 몰입해야 합니다. 자기소개서의 완성도를 높이는 것은 물론 문장력이지만 스토리가 없는 문장력은 좋지 않습니다.

③ 자기만의 콘텐츠

자기소개서를 쓸 때 중요한 것 중 하나는 반드시 전달하고자 하는 '핵심 메시지' 가 있어야 합니다. 핵심 메시지 없이는 인사 담당자나 면접위원의 기억에 남기 힘듭니다. 자신의 존재를 명확하게 각인시킬 수 있도록 메시지 중심의 자기소개서를 작성해야 합니다. 다른 사람과 자신을 차별화할 수 있는 메시지, 본인만의 콘텐츠를 가져야 합니다.

●

다른 사람과 똑같은 스토리가 아니라, 여러분만의 독특한 스토리를 만들려고 노력해보세요. 남들이 다 같이 경험한 비슷한 스토리는 재미도 없고 감동을 줄 수도 없습니다. 남들과 다른 이야기를 한다면 자기소개서 소재가 풍부해지는 것은 물론 면접에서도 자연스럽게 질문 주제로 부각될 수 있습니다.

자기소개서가 차별화되어 자기만의 콘텐츠를 가졌다고 말할 수 있으려면, 자신만의 경험과 철학이 담겨 있어야 합니다. 어려서부터 조기교육으로 해외에서 경험하고 공부한 사례를 드는 것이 남과 자기를 차별화하는 자기소개서가 아닙니다. 각종 대회에서 입상경력이 있는 것도 남과 자신을 차별화 시키는 진정한 소재가 되기 힘듭니다. 수백 개에서 수천 개의 자기소개서를 읽어야 하는 인사 담당자에게는 이런 소재들이 오히려 더 진부하다고 생각할 수 있죠.

그러나 아무리 작고 사소한 경험일지라도, 그 경험을 통해 남과 다른 지혜와 통찰을 얻고 자기 성장이 이루어져 자신만의 철학을 갖게 되었다면, 그것은 남과 자기를 차별화 해주는 자신만의 콘텐츠이자, 남과 차별화된 자기소개서가 되는 것입니다.

농업 관련 직무에 지원한다고 가정해보죠. 자신의 아버지가 농부여서 자연스레 농업에 관심을 가지게 됐고, 농업 관련 업무를 천직으로 여기게 됐다고 쓰기보다는, 아버님이 농업계 기자를 하시는데, 아버지의 농업계에 대한 진지한 걱정과 고찰을 옆에서 늘 지켜보다가 농업이 살아나야 나라가 살수 있다는 소신을 가지게 됐다. 그것을 실현시키기 위해 농업 관련 기업에 지원했다고 쓰는 것이 차별화된 것입니다.

어려서부터 꿈이 교사였기 때문에 교육학과를 간 뒤 교육에 관한 여러 문제의식을 가지게 됐고, 이를 해결하기 위해 교육 관련 공공기관에 지원하기로 마음을 먹었다고 쓰는 것은 평범합니다. 부모님이 교육계에 계셔서 어려서부터 교육정책들을 관심 있게 봐왔고, 백년지대계가 정권이 바뀔 때마다 바뀌는 것을 보고 큰 위기의식을 느껴 교육 공공기관에 지원하게 됐다고 쓰는 것이 차별화된 자기소개서인 것입니다.

블로그를 운영한 경험을 쓸 때에도, 그 목적이 깊고 의미가 있어야 합니다. 그냥 한번 만들어봤다는 식이나, 남들이 하니까 만들어봤다는 식의 뉘앙스가 전해져서는 안 됩니다. 예를 들면, 독도문제를 이슈화하는데 조금이나마 도움이 되고 싶고, 같은 또래의 친구들에게 독도에 대한 정확한 자료를 전달하고, 자신의 독도에 대한 지식을 업그레이드하기 위해 독도에 대한 블로그를 만들었다. 그리고 독도를 중요하게 생각한 이유는 그것이 나라에 대한 사랑이자 나라의 국민인 나에 대한 정체성이라고 생각한다고 밝힌다면, 인사담당자에게 생각 있고 철학이 있고 열정이 있는 지원자라는 깊은 인상을 줄 수가 있을 것입니다.

차별화된 자기소개서는 진부하거나 평범하지 않고, 고민의 흔적과 깊은 성찰이 들어 있습니다. 이 부분은 누가 대신 해줄 수 있는 영역이 아닙니다. 인터넷에 올라와 있는 자기소개서를 보고 연습을 하기 보다는, 자신 만의 내용을 작성하는 것이 진실되고 차별화된 자기소개서를 작성하는 길입니다.

④ 본인의 이야기에 집중

모든 서술은 자신을 나타내는 데에 집중해야 합니다. 몇몇의 자기소개서는 자신의 얘기는 뒤로 한 채 남의 이야기를 하듯 써내려 갑니다. 누군가에게 자기를 소개하고 있다는 사실을 망각하고 있는 셈이죠. 자기소개서는 타인에게 자신을 소개한다는 본래의 취지를 염두에 두고, 모든 소재와 문장은 자신과 관련된 것이어야 합니다. 남이 아닌 내 이야기를 해야 합니다.

그리고 자연스러운 문장을 만드세요. 모든 문장은 각기 별개 내용이 아니라 서로 긴밀히 연결되어야 설득력이 있습니다. 흐르는 물처럼 자연스러워야 합니다. 잘된 자기소개서는 직무와 교내외 활동, 노력과정 및 성과 등이 개별이 아닌 하나의 큰 그림으로 통일성이 있어야 합니다. 마치 퍼즐과 같아야죠. 그러면 읽는 사람은 한 편의 재미있는 영화를 본 것처럼 감동을 느끼게 됩니다.

자기소개서는 결국 구직시장에 자신을 파는 홍보 글입니다. 나를 하나의 상품으로 어필하는 것도 필요합니다. 내가 남들과 다른 점은 무엇이며, 나를 합격시켰을 때 그 기업에서는 어떤 이득을 얻을 수 있는지 상품을 팔듯이 자기를 잘 포장해 설명해보세요. 진지하고 성찰적이고 철학적이 되어, 상품으로서 자신의 가치를 잘 포장하는 것이 중요합니다.

단, 없는 사실을 일부러 지어내지는 마세요. 오히려 독이 될 수 있습니다. 왜냐하면 면접에서 면접위원들이 자세히 물어볼 수 있으니까요. 만약 대답을 못한다면, 그동안 쌓았던 '공든 탑'이 한꺼번에 무너져 내릴 수 있으니 주의하세요.

거짓말은 일순간을 속일 수는 있지만 그리 오래가지 않습니다.

어떤 지원자는 자신이 소신이 강하다는 것을 압니다. 그렇지만 잘못 기술했다가는 '독불장군형'으로 비추어질까봐 걱정을 합니다. 그럴 때는 이렇게 해보세요. 자신의 성공 경험에 대해 모든 게 다 자신의 능력 때문이었다는 '독불장군형' 식 기술은 쓰지 않도록 하세요. 정녕 그 일이 자기혼자만의 능력으로 이루어졌다 할지라도, 조직의 화합을 위해 기피되어야 하는 인물처럼 여겨질 것이 뻔합니다. 주변사람들과 지인의 도움을 어떻게 받아, 어떻게 그것을 자기 것으로 내면화해 성공에 이르게 되었는지를 본인의 스토리로 엮어 잘 기술하는 것이 현명한 방법입니다.

취업 Note

    자소서 작성에 필요한 소재입니다. 평소 간단히 메모해 놓으면 나중에 자소서를 작성할 때 많은 도움이 될 것입니다.

〈 경험 · 경력 소재 〉

- 위기극복

- 소통

- 경청

- 포용

- 배려

- 헌신

- 신뢰

- 설득

- 화합

- 변혁

- 팀워크

- 원칙

- 열정

- 추진력

- 갈등

- 리더십

- 솔선수범

- 겸손

- 인내

- 나눔

- 봉사활동

- 윤리의식

- 창의성

- 성격의 장점

- 성격의 단점

- 특기

- 좋은 습관

- 나쁜 습관

- 좋았던 기억

- 힘들었던 기억

- 가치관 형성에 영향을 미친 중요한 사건

- 주위에 피해 입힌 경험

- 위법 행위 목격하고 대처한 경험

- 포부

- 기타

글의 형식

자기소개서 구성 틀은 경험형 방식과 상황제시형 방식 등으로 크게 나누어 볼 수 있습니다. 이밖에도 다양한 구성 틀이 있기 때문에 상황에 맞춰 쓸 수밖에 없습니다. 면접도 자기소개서 질문 유형과 비슷한 경우가 많습니다. 많이 쓰는 자기소개서 구성 유형입니다.

① 경험형 방식

과거 위기상황이나 문제가 발생했을 때, 어떻게 이를 대처했느냐를 묻는 것입니다. 경험을 바탕으로 얻은 교훈이 무엇인지 적는 것이 좋습니다. 경험형 질문에 대한 답변은 사실을 그대로 적어야 합니다. 자칫 거짓으로 자기소개서를 작성했을 때 그때는 상관없지만 면접으로 이어져 압박 질문 때 대답하기 곤란한 상황이 발생할 수 있습니다. 진실만이 통한다는 사실을 명심해야 합니다.

평범한 일을 '자신의 꿈'과 매치하고 , 역량과 기업의 핵심가치에 접목하여 실제로 경험했던 일을 기술하는 것이 좋습니다. 직무에 관계없는 스펙은 적어서는 안 됩니다. 스펙이나 경력이 없다면, 자신이 직무역량을 쌓기 위해 했던 노력을 구체적으로 기술하고 강조해야 합니다.

• STAR 방식

자신의 장점, 과거의 경험 등을 기업의 특성에 맞게 작성합니다. 수행한 경험이 직무와 연관성이 있어야 합니다. STAR 기법은 '상황(Situation) → 과제(Task) → 행동(Action) → 결과(Result)' 순으로 작성합니다.

경력이나 경험을 많이 쌓는 것보다 하나의 경험이라도 직무능력에 맞춰 잘 녹여내는 것이 중요합니다. 여러 경험이 있더라도, 직무와 연관성이 없으면 좋은 점수를 얻기 힘듭니다.

보통 자기소개서나 면접 방식은 STAR 방식으로 질문합니다. 자기소개서를 STAR 방식으로 잘 작성했다면, 면접에도 활용할 수 있습니다. STAR 방식만 잘 알아도 질문을 미리 예측할 수 있습니다. 과거 행동을 통해 어떤 교훈을 얻었나를 밝히고, 향후 기업에 어떻게 활용하겠다는 것을 논리적으로 밝힌다면 좋은 답변입니다.

• 상황(situation)	직무와 관련한 직업기초능력, 직무수행능력이 발휘될 상황
• 과제(task)	수행되어야 하는, 수행할 것이라 기대되는 과제 혹은 과업
• 행동(action)	과제 수행을 위한 대응, 취한 행동, 행동의 절차와 방식
• 결과(result)	경험을 통해 배운 교훈

【질문】
단체 및 사회생활 중 어려운 갈등 상황에 빠졌을 때 효율적으로 해결한 경험이 있다면 사례를 들어 설명하시오.

【답변 예시】
(상황) 저는 한때 회사 생활을 했는데, 노동조합과 회사 측 간 갈등이 사사건건 발생했습니다. 이때마다 서로 양보 없이 싸우기만 했었죠. 자기주장만을 내세우다 보니 갈등이 생길 수밖에 없었습니다.

(행동) 노사 간 갈등을 해결할 방안을 연구하던 중, 말보다는 글로 써서 서로의 입장을 상대방에게 알릴 방안을 생각했습니다. 회사 주장을 글로 써서 노조에 알렸습니다. 노조도 역시 글로 자신들의 입장을 전했습니다.

(결과) 그 결과 마찰은 줄어들었고, 서로 한 발 양보할 수 있었습니다. 이전에는 서로 말싸움만 했었는데, 글로 서로 입장을 표현해 전달하니 해결된 일들이 많았습니다.

(교훈) 단체 생활 중 어려운 갈등상황은 반드시 일어날 수 있습니다. 갈등이 발생한다면, 상대방의 입장에서 서로 간의 차이점을 이해해야 합니다. 아랫사람일 경우 상사가 왜 이렇게 생각했을까를 고민하고, 상사일 경우 세대 차이에서 비롯된 의견 차이라고 생각합니다. 역지사지의 생각을 바탕으로 서로 간 진솔한 대화를 통해 원만한 합의점을 찾습니다. 회사 생활을 하면서 대화와 타협을 통해 모든 갈등을 해소하려는 노력을 해야 한다는 점을 깨달았습니다.

② 상황제시형 방식

가상의 상황을 제시한 후 취준생이 이를 어떻게 대처할 것인가를 묻는 형태입니다. 상황제시형 문제 역시 정답은 없습니다. 이 유형은 상황이 닥쳤을 때 얼마나 현명하게 대처하고, 공직자 및 직장인으로서 문제가 없는가를 파악하려는 의도입니다.

• 상황–진단–처방–동원

어떤 현상에 대한 상황 → 원인 파악(진단) → 이를 해결할 수 있는 방법 모색(처방) → 협력과 화합을 통한 실천(동원). 제대로 진단을 한다면, 처방도 제대로 나옵니다. 그러나 처음부터 오진을 한다면 처방이 제대로 될 리 없고, 실천도 어렵습니다. 이러한 과정을 순서대로 적으면 됩니다.

【질문】

"지역경제 활성화를 위해 로컬푸드 사업을 추진 중이다. 이 사업에 대해 지역공감대가 형성되어 있지만 예산이 부족하고 타 지역에 비해 품질은 비슷한데 값이 비싸다. 이에 대한 대책 및 해결방안은?"

【답변 내용】

자기소개서는 구체적인 해결방안을 요구합니다. 어떻게 해야 좋은 답을 낼 수 있을까? 여기에서 좋은 점수를 받기 위해서는 평소의 시사상식과 전문지식이 필요합니다. 크라우드 펀딩을 조성할 수도 있고, 기업참여 유도를 하고 우선순위를 조정할 수 있습니다. 농장과 직접연계를 하고 시식행사를 개최하는 것도 좋은 아이디어죠.

기회는 반드시 찾아옵니다.

별다른 스펙이 없어도 한 분야에 많은 관심과 노력을 기울이면, 원하는 일을 할 수 있습니다. 포기하지 말고 계속 하다보면 그 길이 보일 겁니다. 여러분들이 잘 할 수 있는 일에 집중하세요.

그런데 노력은 많이 해야겠죠!

6강. 자기소개서 항목별 작성 Point

아래 자료들은 NCS 홈페이지 직업기초능력 자료(교수자용)를 참조했습니다. 자료는 NCS 사이트(www.ncs.go.kr)에 들어간 뒤 자료실 → 일반자료실에서 2016.11.24. 일자 파일 「직업기초능력 파일」을 찾아보면 됩니다. 누구나 무료로 다운로드 받아 보실 수 있습니다. 이 기본 자료를 바탕으로 항목별 작성 포인트를 작성했습니다.

참고로 10개 직업기초능력 중에서 수리능력, 정보능력, 기술능력 등은 자소서 문항으로 잘 출제되지 않습니다. 직무적인 테크닉과 주로 관련되기 때문이죠. 나머지 항목은 자주 출제되니, 어떤 기준으로 평가하는 지 잘 살펴보세요.

또 각 능력단위별로 자신의 경험 노트와 경력 노트를 적을 수 있도록 했습니다. 생활하면서 했던 경험이나 경력 등을 능력별로 적어보세요. 그러면 자기소개서 작성 및 면접에 많은 도움이 될 것입니다. 인간은 망각(忘却)의 존재이기 때문에 나중에 기억이 쉽게 떠오르지 않습니다. 수시로 메모하는 것이 가장 좋습니다.

① 의사소통능력

• **정의**

업무를 수행함에 있어 글과 말을 읽고 들음으로써 다른 사람이 뜻한 바를 파악하고, 자기가 뜻한 바를 글과 말을 통해 정확하게 쓰거나 말하는 능력입니다.

• **구조**

하위능력	정의	세부요소
문서이해능력	업무를 수행함에 있어 다른 사람이 작성한 글을 읽고 그 내용을 이해하는 능력	• 문서 정보 확인 및 획득 • 문서 정보 이해 및 수집 • 문서 정보 평가
문서작성능력	업무를 수행함에 있어 자기가 뜻한 바를 글로 나타내는 능력	• 작성 문서의 정보 확인 및 조직 • 목적과 상황에 맞는 문서 작성 • 작성한 문서 교정 및 평가
경청능력	업무를 수행함에 있어 다른 사람의 말을 듣고 그 내용을 이해하는 능력	• 음성 정보와 매체 정보 듣기 • 음성 정보와 매체 정보 내용 이해 • 음성 정보와 매체 정보에 대한 반응과 평가
의사표현능력	업무를 수행함에 있어 자기가 뜻한 바를 말로 나타내는 능력	• 목적과 상황에 맞는 정보 조직 • 목적과 상황에 맞게 전달 • 대화에 대한 피드백과 평가
기초외국어능력	업무를 수행함에 있어 외국어로 의사소통 할 수 있는 능력	• 외국어 듣기 • 일상생활의 회화 활용

• 기초직업능력으로서의 의사소통능력표준에 따른 성취수준

구분			성 취 수 준
의사소통 능력		상	직장생활에서 제안서, 기술매뉴얼과 같은 복잡한 내용의 문서를 읽거나 작성함으로써 정보를 종합하고, 업무 성과를 발표하는 상황에서 논리적으로 의사를 표현한다.
		중	직장생활에서 메일, 공문과 같은 기본적인 내용의 문서를 읽거나 작성함으로써 정보를 요약하고, 회의와 토론 같은 상황에서 주제에 맞게 의사를 표현한다.
		하	직장생활에서 지시문, 메모와 같은 간단한 내용의 문서를 읽거나 작성함으로써 정보를 이해하고, 결과를 보고하는 간단한 상황에서 이해하기 쉽게 의사를 표현한다.
하 위 능 력	문서 이해 능력	상	직장생활에서 최신 기술매뉴얼과 같은 복잡한 업무문서를 읽고, 필요한 정보를 종합한다.
		중	직장생활에서 예산서, 주문서와 같은 기본적인 업무문서를 읽고, 필요한 정보를 요약한다.
		하	직장생활에서 지시문, 메모와 같은 간단한 업무문서를 읽고, 필요한 정보를 확인한다.
	문서 작성 능력	상	제안서와 프리젠테이션과 같은 복잡한 문서를 논리적으로 작성한다.
		중	메일이나 공문과 같은 기본적인 문서를 형식에 맞게 작성한다.
		하	상사의 지시나 전화메시지와 같은 간단한 문서를 읽기 쉽게 작성한다.
	경청 능력	상	부서 전체의 회의에서 발표를 듣는 것과 같은 복잡한 업무상황에서 들은 내용을 종합한다.
		중	고객의 주문전화를 받는 것과 같은 기본적인 업무상황에서 들은 내용을 요약한다.
		하	상사의 지시를 듣는 것과 같은 간단한 업무상황에서 들은 내용을 이해한다.

구분		성 취 수 준
의사 표현 능력	상	업무 성과를 발표하는 것과 같은 복잡한 상황에서 논리적으로 의사를 표현한다.
	중	부서의 회의 중 토론을 하는 것과 같은 기본적인 상황에서 주제에 맞게 의사를 표현한다.
	하	상사에게 결과를 보고하는 것과 같은 간단한 상황에서 이해하기 쉽게 의사를 표현한다.
기초 외국어 능력	상	외국어로 된 메일을 받는 업무상황에서 메일을 직접 읽고 의미를 이해한다.
	중	외국어로 된 메일을 받는 업무상황에서 사전을 활용해서 해석하여 의미를 이해한다.
	하	외국어로 된 메일을 받는 업무상황에서 다른 사람의 도움을 얻어 의미를 이해한다.

출처 : NCS 홈페이지 직업기초능력 교수자용 매뉴얼

• **작성 Point**

– 문서의 이해능력과 작성능력, 발표능력 등을 보는 것이 의사소통능력입니다. 단순한 문서가 아니라 복잡한 문서를 이해하고 표현하는 능력을 갖추었나를 판단합니다. 기획서, 보고서, 발표PPT 등을 만들기 위해 행동했던 일련의 경험들을 작성합니다.

– 직장생활에서 서류 해석 및 작성 능력이 중요합니다. 평소 서류작성과 관련된 경험 및 경력을 많이 쌓아놓으면 나중에 도움이 될 것입니다. 특히 공직에 진출하려는 취준생은 공문서 작성능력이 필수입니다. 공직에서는 공문서 작성 및 발표를 공직자의 중요한 능력으로 간주한답니다. 승진과도 밀접한 관련이 있습니다.

〈자신의 경험 노트〉

	경　험
기업 · 단체	
업무명	
기간	
주요 역할	
내용	
성과 및 교훈	

〈자신의 경력 노트〉

	경　력
기업 · 단체	
업무명	
기간	
주요 역할	
내용	
성과 및 교훈	

② 수리능력

• **정의**

업무를 수행함에 있어 사칙연산, 통계, 확률의 의미를 정확하게 이해하고, 이를 업무에 적용하는 능력을 말합니다.

• **구조**

하위능력	정의	세부요소
기초연산능력	업무를 수행함에 있어 기초적인 사칙연산과 계산을 하는 능력	• 과제 해결을 위한 연산 방법 선택 • 연산 방법에 따라 연산 수행 • 연산 결과와 방법에 대한 평가
기초통계능력	업무를 수행함에 있어 필요한 기초 수준의 백분율, 평균, 확률과 같은 통계 능력	• 과제 해결을 위한 통계 기법 선택 • 통계 기법에 따라 연산 수행 • 통계 결과와 기법에 대한 평가
도표분석능력	업무를 수행함에 있어 도표(그림, 표, 그래프 등)가 갖는 의미를 해석하는 능력	• 도표에서 제시된 정보 인식 • 정보의 적절한 해석 • 해석한 정보의 업무 적용
도표작성능력	업무를 수행함에 있어 필요한 도표(그림, 표, 그래프 등)를 작성하는 능력	• 도표 제시방법 선택 • 도표를 이용한 정보 제시 • 제시 결과 평가

• 기초직업능력으로서의 수리능력표준에 따른 성취수준

구분		성 취 수 준
수리 능력	상	직장생활에서 다단계의 복잡한 사칙연산을 하고, 연산 결과의 오류를 수정한다.
	중	직장생활에서 다른 형식으로 변환하는 기본적인 사칙연산을 하고, 연산 결과를 검토한다.
	하	직장생활에서 덧셈, 뺄셈과 같은 간단한 사칙연산을 하고, 연산 결과를 확인한다.
하 위 능 력		
기초 연산 능력	상	직장생활에서 다단계의 복잡한 사칙연산을 하고, 연산 결과의 오류를 수정한다.
	중	직장생활에서 다른 형식으로 변환하는 기본적인 사칙연산을 하고, 연산 결과를 검토한다.
	하	직장생활에서 덧셈, 뺄셈과 같은 간단한 사칙연산을 하고, 연산 결과를 확인한다.
기초 통계 능력	상	직장생활에서 다단계의 복잡한 통계기법을 활용해서 결과의 오류를 수정한다.
	중	직장생활에서 비율을 구하는 기본적인 통계기법을 활용하고 결과를 검토한다.
	하	직장생활에서 평균을 구하는 간단한 통계기법을 활용하고 결과를 확인한다.
도표 분석 능력	상	직장생활에서 접하는 다양한 도표를 종합하여 내용을 종합한다.
	중	직장생활에서 접하는 두, 세 가지 도표를 비교하여 내용을 요약한다.
	하	직장생활에서 접하는 한 가지 도표를 보고 내용을 이해한다.
도표 작성 능력	상	직장생활에서 다양한 도표를 활용하여 내용을 강조하여 제시한다.
	중	직장생활에서 두, 세 가지 도표를 활용하여 내용을 비교하여 제시한다.
	하	직장생활에서 하나의 도표를 활용하여 내용을 제시한다.

출처 : NCS 홈페이지 직업기초능력 교수자용 매뉴얼

• **작성 Point**

- 직장생활에서 다단계의 복잡한 사칙연산을 하고, 연산 결과의 오류를 수정할 수 있는 능력을 판단합니다.
- 통계 프로그램을 배웠거나 활용했던 경험, 도표를 만들고 활용했던 교육 과정 등을 적으시면 됩니다.

〈자신의 경험 노트〉

	경 험
기업 · 단체	
업무명	
기간	
주요 역할	
내용	
성과 및 교훈	

〈자신의 경력 노트〉

	경 력
기업 · 단체	
업무명	
기간	
주요 역할	
내용	
성과 및 교훈	

③ 문제해결능력

• 정의

업무를 수행함에 있어 문제 상황이 발생하였을 경우, 창조적이고 논리적인 사고를 통하여 이를 올바르게 인식하고 적절히 해결하는 능력을 말합니다.

• 구조

하위능력	정의	세부요소
사고력	업무와 관련된 문제를 인식하고 해결함에 있어 창조적, 논리적, 비판적으로 생각하는 능력	• 창의적 사고 • 논리적 사고 • 비판적 사고
문제처리능력	업무와 관련된 문제의 특성을 파악하고, 대안을 제시, 적용하고 그 결과를 평가하여 피드백하는 능력	• 문제 인식 • 대안 선택 • 대안 적용 • 대안 평가

• 기초직업능력으로서의 문제해결능력표준에 따른 성취수준

구분		성 취 수 준
문제 해결 능력	상	업무에서 발생한 문제를 인식하고 처리하기까지 타당한 근거를 바탕으로 새로운 방식을 고안한다.
	중	업무에서 발생한 문제를 인식하고 처리하기까지 기존의 문제해결 방식을 다양하게 응용한다.
	하	업무에서 발생한 문제를 인식하고 처리하기까지 적절한 기존의 문제해결방식을 이용한다.
하 위 능 력	사고력 상	업무에서 발생한 문제를 해결하기까지 새로운 방식을 고안하고 타당한 근거를 제시하여 결정적 의견을 고안하며 타당성이 부족함을 평가한다.
	사고력 중	업무에서 발생한 문제를 해결하기까지 기존의 방식과 유사한 새로운 방식을 적용하고 유용한 의견을 제시하며 타당성이 부족함을 분석·종합한다.
	사고력 하	업무에서 발생한 문제를 해결하기까지 기존의 방식을 개선하고 사실과 의견을 구분하여 설명하며 타당성이 부족함을 이해한다.
	문제 처리 능력 상	업무상황에서 발생한 문제로 인한 결과를 예측하고 다양한 대안을 비교, 분석하며 새로운 idea를 고안하여 문제를 처리하고 그 결과를 평가하여 피드백 한다.
	문제 처리 능력 중	업무상황에서 발생한 문제의 원인을 인식하고 다양한 대안을 제시하며 기존의 방식을 응용하여 문제를 처리하고 그 결과를 분석한다.
	문제 처리 능력 하	업무상황에서 문제가 발생한 사실을 확인하고 대안을 확인하며 기존의 방식을 활용하여 문제를 처리하고 그 결과를 확인한다.

출처 : NCS 홈페이지 직업기초능력 교수자용 매뉴얼

• 작성 Point

- 취준생의 위기관리능력을 보는 것입니다. 문제해결 과정이 합리적이며 상황에 맞고, 효율적이어야 합니다. 항상 효율을 추구하고 전략적인 사고를 하는 행동이 핵심입니다. 사고 전개 과정의 논리성과 분석적인 행동이 작성 포인트입니다.

- 일반적인 해결책보다는 회사의 현재 상황에 맞는 해결책을 제시하는 것이 좋습니다. NCS는 직무에 적합한 인재뿐만 아니라 그 회사에 적합한 인재를 선발하는 도구이기 때문입니다.

- 지식, 기술, 태도 중 기술과 태도에 대한 역량을 보여주는 것이 좋습니다. 경험을 통해 익힌 문제 처리기술과 태도를 작성합니다.

〈자신의 경험 노트〉

	경 험
기업 · 단체	
업무명	
기간	
주요 역할	
내용	
성과 및 교훈	

〈자신의 경력 노트〉

	경 력
기업 · 단체	
업무명	
기간	
주요 역할	
내용	
성과 및 교훈	

④ 조직이해능력

• 정의

업무를 원활하게 수행하기 위해 국제적인 추세를 포함하여 조직의 체제와 경영에 대해 이해하는 능력을 말합니다.

• 구조

하위능력	정의	세부요소
국제감각	주어진 업무에 관한 국제적인 추세를 이해하는 능력	• 국제적인 동향 이해 • 국제적인 시각으로 업무 추진 • 국제적 상황 변화에 대처
조직 체제 이해능력	업무 수행과 관련하여 조직의 체제를 올바르게 이해하는 능력	• 조직의 구조 이해 • 조직의 규칙과 절차 파악 • 조직 간의 관계 이해
경영이해능력	사업이나 조직의 경영에 대해 이해하는 능력	• 조직의 방향성 예측 • 경영조정(조직의 방향성을 바로잡기에 필요한 행위 하기) • 생산성 향상 방법
업무이해능력	조직의 업무를 이해하는 능력	• 업무의 우선순위 파악 • 업무활동 조직 및 계획 • 업무수행의 결과 평가

• 기초직업능력으로서의 조직이해능력표준에 따른 성취수준

구분		성취수준
조직이해 능력	상	직장생활에서 업무와 관련된 국제동향을 업무에 적용하고, 전반적인 조직 체제에 대해 설명하며, 조직의 경영을 평가한다.
	중	직장생활에서 업무와 관련된 국제동향을 파악하고, 자신이 속한 조직의 체제를 설명하며, 조직의 운영을 설명한다.
	하	직장생활에서 일반적인 국제동향을 이해하고, 자신이 속한 조직 체제를 이해하며, 조직의 운영을 이해한다.
하위 능력	경영 이해 능력 상	조직 전체의 경영 목표와 경영 방법을 이해하고, 이를 바탕으로 업무를 수행한다.
	경영 이해 능력 중	자신이 속한 부서와 관련 부서의 목표와 운영 방법에 대해 이해하고, 이를 바탕으로 업무를 수행한다.
	경영 이해 능력 하	자신이 속한 부서의 목표와 운영 방법에 대해 이해하고, 이를 바탕으로 업무를 수행한다.
	체제 이해 능력 상	조직 전체의 목표와 구성을 이해하고, 조직의 전체적인 규칙, 규정을 파악하여, 이를 바탕으로 업무를 수행한다.
	체제 이해 능력 중	자신이 속한 부서와 관련 부서의 목표와 구성을 이해하고, 자신이 속한 부서 구성원들에게 적용되는 규칙, 규정을 파악하고, 이를 바탕으로 업무를 수행한다.
	체제 이해 능력 하	자신이 속한 부서의 목표와 구성을 이해하고, 자신에게 해당하는 규칙, 규정을 파악하여, 이를 바탕으로 업무를 수행한다.
	업무 이해 능력 상	조직 전체의 업무에 대해 이해하고, 자신에게 주어진 업무를 분석하여 업무처리계획 및 절차를 수립한다.
	업무 이해 능력 중	자신이 속한 부서와 관련 부서의 업무에 대해 이해하고, 자신에게 주어진 업무를 이해하여 업무를 처리하기 위한 계획과 절차를 이해한다.

구분			성 취 수 준
국제 감각		하	자신이 속한 부서의 업무에 대해 이해하고, 자신에게 주어진 업무를 확인하여 업무를 처리하기 위한 간단한 절차를 확인한다.
		상	직장생활에서 관련된 국제적인 동향을 분석하여, 이를 대부분의 업무상황에서 활용한다.
		중	직장생활에서 일반적인 국제 동향을 이해하여, 이를 특정한 업무 상황에서 활용한다.
		하	직장생활에서 특정한 국제 동향을 이해하여, 이를 한 가지 업무 상황에서 활용한다.

출처 : NCS 홈페이지 직업기초능력 교수자용 매뉴얼

● 작성 Point

– 조직이해능력은 기업마다 추구하는 가치가 다양하고 산업, 조직문화, 추진 업무, 비전이 각각 다르기 때문에 통일된 예시를 보여주기 어렵습니다. 회사에 대한 이해, 지원하는 회사의 산업 군(群)에 대한 이해, 자신이 맡고 있는 직무에 대한 이해까지 분석이 이루어진 뒤 작성을 해야 합니다.

– 기업의 설립 목적과 향후 발전 방향에 대한 정보를 중심으로 분석한 뒤 그 중 하나의 목표를 단기, 중기, 장기로 구분해 자신의 역량과 연결시켜서 작성하는 것이 좋습니다. 자신이 배운 역량을 앞으로 기업에서 어떻게 발휘할 것인지 작성하면 됩니다.

– 지원동기 및 입사 후 실천 목표를 본인의 역량과 결부시켜 적으세요. 개인의 관점이 아닌 조직의 발전과 목표를 위해서 고민하고 전략 수립을 위해 노력했던 경험을 작성하면 좋습니다.

– 개인의 역량이 뛰어난 것보다 전체적으로 조직에 대한 희생과 봉사, 협동정신이 있다는 점을 강조해야 합니다. 기업은 개인보다 전체와 조화를 이루는 인재를 뽑으려 하기 때문이죠.

〈자신의 경험 노트〉

	경 험
기업 · 단체	
업무명	
기간	
주요 역할	
내용	
성과 및 교훈	

〈자신의 경력 노트〉

	경 력
기업 · 단체	
업무명	
기간	
주요 역할	
내용	
성과 및 교훈	

⑤ 자기개발능력

• 정의

업무를 추진하는데 스스로를 관리하고 개발하는 능력을 말합니다.

• 구조

하위능력	정의	세부요소
자아인식능력	자신의 흥미, 적성, 특성 등을 이해하고, 이를 바탕으로 자신에게 필요한 것을 이해하는 능력	• 자기이해 • 자신의 능력 표현 • 자신의 능력발휘방법 인식
자기관리능력	업무에 필요한 자질을 지닐 수 있도록 스스로를 관리하는 능력	• 개인의 목표정립(동기화) • 자기통제 • 자기관리 규칙의 주도적인 실천
경력개발능력	끊임없는 자기 개발을 위해서 동기를 갖고 학습하는 능력	• 삶과 직업세계에 대한 이해 • 경력개발 계획 수립 • 경력전략의 개발 및 실행

• 기초직업능력으로서의 자기개발능력표준에 따른 성취수준

구분			성 취 수 준
자기개발 능력		상	직장생활에서 자신의 능력 및 적성을 종합하여 가치를 부여하고, 자신의 목표성취를 위해 자신을 관리하고 통제하며, 경력목표 성취에 필요한 역량을 개발한다.
		중	직장생활에서 자신의 능력 및 적성을 파악하고, 스스로 역할 및 목표를 확인하고, 경력목표를 수립한다.
		하	직장생활에서 자신의 요구를 확인하고, 자신에게 지시된 역할 및 목표를 확인하며, 자신이 속한 조직 및 주위환경의 특성을 확인한다.
하 위 능 력	자아 인식 능력	상	직업인으로서 자신의 능력과 적성을 분석하고 종합하여 자신에게 가치를 부여한다.
		중	직업인으로서 자신의 능력과 적성을 파악한다.
		하	직업인으로서 자신의 요구를 확인한다.
	자기 관리 능력	상	직업인으로서 스스로 자신의 역할과 목표를 정립하고, 자신의 목표성취를 위해 자신과 외부상황을 관리하고 통제한다.
		중	직업인으로서 스스로 자신의 역할과 목표를 확인하고, 역할과 목표에 따라 실천한다.
		하	직업인으로서 자신에게 지시된 역할과 목표를 확인하고, 상사나 동료의 도움을 받아 실천한다.
	경력 개발 능력	상	직업인으로서 경력목표를 성취하기 위해 필요한 역량을 확인하고 개발한다.
		중	직업인으로서 자신과 자신이 속한 조직 및 주위환경의 특성을 고려하여 경력목표를 수립한다.
		하	직업인으로서 자신과 자신이 속한 조직 및 주위환경의 특성을 확인한다.

출처 : NCS 홈페이지 직업기초능력 교수자용 매뉴얼

• 작성 Point

– 자기개발능력은 성취역량과 관계가 있습니다. 성취역량이 높은 사람은 목표를 설정하고 관리하는 능력이 뛰어납니다. 목표가 자발적이고 구체적입니다. 도전적 과제를 자발적으로 해결한 경험이 있다면 좋은 소재입니다.

– 역량의 지식, 기술, 태도 중에서 지식 관련 학습과정을 지원직무와 관련해 작성합니다.

– 직무적합도 혹은 전문성을 키우기 위해 무엇을 어떤 식으로 준비했는가를 적습니다. 자기개발의 과정과 결과가 서술되어야 합니다. 자신의 업무를 이해하고, 장기적인 관점에서는 차별화를 위해 노력했던 경험을 보여줍니다.

– 자기개발은 개인적인 차원을 넘어 조직 차원에서 기여할 수 있는 부분이 더 중요합니다. 자기개발은 직무를 위한 노력으로 이어지며, 나아가 기술능력과도 연결됩니다.

〈자신의 경험 노트〉

	경 험
기업 · 단체	
업무명	
기간	
주요 역할	
내용	
성과 및 교훈	

〈자신의 경력 노트〉

	경 력
기업 · 단체	
업무명	
기간	
주요 역할	
내용	
성과 및 교훈	

⑥ 자원관리능력

• 정의

업무를 수행하는데 시간, 자본, 재료 및 시설, 인적자원 등의 자원 가운데 무엇이 얼마나 필요한지를 확인하고, 이용 가능한 자원을 최대한 수집하여 실제 업무에 어떻게 활용할 것인지를 계획하고, 계획대로 업무 수행에 이를 할당하는 능력을 말합니다.

• 구조

하위능력	정의	세부요소
시간관리능력	업무 수행에 필요한 시간자원이 얼마나 필요한지를 확인하고, 이용 가능한 시간자원을 최대한 수집하여 실제 업무에 어떻게 활용할 것인지를 계획하고 할당하는 능력	• 시간자원 확인 • 시간자원 확보 • 시간자원 활용계획 수립 • 시간자원 할당
예산관리능력	업무 수행에 필요한 자본자원이 얼마나 필요한지를 확인하고, 이용 가능한 자본자원을 최대한 수집하여 실제 업무에 어떻게 활용할 것인지를 계획하고 할당하는 능력	• 예산 확인 • 예산 할당
물적자원 관리능력	업무수행에 필요한 재료 및 시설자원이 얼마나 필요한지를 확인하고, 이용 가능한 재료 및 시설자원을 최대한 수집하여 실제 업무에 어떻게 활용할 것인지를 계획하고 할당하는 능력	• 물적자원 확인 • 물적자원 할당
인적자원 관리능력	업무수행에 필요한 인적자원이 얼마나 필요한지를 확인하고, 이용 가능한 인적자원을 최대한 수집하여 실제 업무에 어떻게 활용할 것인지를 계획하고, 할당하는 능력	• 인적자원 확인 • 인적자원 할당

• 기초직업능력으로서의 자원관리능력표준에 따른 성취수준

구분			성 취 수 준
자원관리 능력		상	업무를 수행하는데 필요한 자원을 확인하고 분석하며 확보하는 방법에 대한 안을 도출하고 활용계획을 분석·평가하며 효과적으로 할당되었는지 판단하여 계획을 조정한다.
		중	업무를 수행하는데 필요한 자원을 검토하고 확보하는 방법을 분석하고 평가하며 활용계획을 구체화하여 효율적인 할당이 되었는지 파악한다.
		하	업무를 수행하는데 필요한 자원을 파악하고 확보하는 방법을 이해하며 활용계획수립을 위한 정보를 수집하며 계획에 따라서 할당한다.
하 위 능 력	시간 관리 능력	상	주어진 업무를 수행하는데 필요한 시간자원을 분석하고, 시간자원을 확보하는 방법을 도출하며, 계획을 분석·평가하고, 시간자원 계획을 조정한다.
		중	주어진 업무를 수행하는데 필요한 시간자원의 양과 시기를 검토하고, 시간자원을 확보하는 방법을 분석하며, 구체적인 계획을 수립하고, 효율적인 시간할당이 되었는지 파악한다.
		하	주어진 업무를 수행하는데 필요한 시간자원을 파악하고, 시간자원을 확보하는 방법을 이해하며, 계획을 수립하기 위한 정보를 수집하고, 계획에 따라 시간자원을 할당한다.
	예산 관리 능력	상	주어진 업무를 수행하는데 필요한 예산을 확인하고 분석하며 예산계획을 조정한다.
		중	주어진 업무를 수행하는데 필요한 예산을 검토하고 효율적인 예산할당이 되었는지 파악한다.
		하	주어진 업무를 수행하는데 필요한 예산을 파악하고 계획에 따라 할당한다.

구분			성 취 수 준
물적 자원 관리 능력	상		주어진 업무를 수행하는데 필요한 물적자원을 확인하고 분석하며 물적자원계획을 조정한다.
	중		주어진 업무를 수행하는데 필요한 물적자원의 양과 종류를 검토하고 효율적인 물적자원 할당이 되었는지 파악한다.
	하		주어진 업무를 수행하는데 필요한 물적자원을 파악하고 계획에 따라 할당한다.
인적 자원 관리 능력	상		주어진 업무를 수행하는데 필요한 인적자원을 확인하고 분석하며 인적자원계획을 조정한다.
	중		주어진 업무를 수행하는데 필요한 인적자원의 양과 종류를 검토하고 효율적인 인적자원 할당이 되었는지 파악한다.
	하		주어진 업무를 수행하는데 필요한 인적자원을 파악하고 계획에 따라 할당한다.

출처 : NCS 홈페이지 직업기초능력 교수자용 매뉴얼

• 작성 Point

- 성과보다는 과정을 중시하는 문항입니다. 제한된 시간이나 비용 또는 인력을 효과적으로 활용해 성공한 사례를 기술합니다.
- 주어진 조건을 극대화하는 분석력과 창의적 사고를 보여줄 수 있는 행동과 태도가 핵심이며, 주어진 상황 분석이 가장 중요합니다.
- 아이디어 수준이나 예산이 많이 들어간 결과는 높은 점수를 받을 수 없습니다. 제3자의 조력을 이끌어 내거나, 자원의 특성을 치밀하게 분석한 내용이 있다면 좋습니다.

〈자신의 경험 노트〉

	경 험
기업 · 단체	
업무명	
기간	
주요 역할	
내용	
성과 및 교훈	

〈자신의 경력 노트〉

	경 력
기업 · 단체	
업무명	
기간	
주요 역할	
내용	
성과 및 교훈	

⑦ 대인관계능력

• 정의

업무를 수행함에 있어 접촉하게 되는 사람들과 문제를 일으키지 않고 원만하게 지내는 능력을 말합니다.

• 구조

하위능력	정의	세부요소
팀워크능력	다양한 배경을 가진 사람들과 함께 업무를 수행하는 능력	• 적극적 참여 • 업무 공유 • 팀구성원으로서의 책임감
리더십능력	업무를 수행함에 있어 다른 사람을 이끄는 능력	• 동기화시키기 • 논리적인 의견 표현 • 신뢰감 구축
갈등관리능력	업무를 수행함에 있어 관련된 사람들 사이에 갈등이 발생하였을 경우 이를 원만히 조절하는 능력	• 타인의 생각 및 감정 이해 • 타인에 대한 배려 • 피드백 제공 및 받기
협상능력	업무를 수행함에 있어 다른 사람과 협상하는 능력	• 다양한 의견 수렴 • 협상가능한 실질적 목표 구축 • 최선의 타협방법 찾기
고객서비스능력	고객의 요구를 만족시키는 자세로 업무를 수행하는 능력	• 고객의 불만 및 욕구 이해 • 매너있고 신뢰감 있는 대화법 • 고객에의 불만에 대한 해결책 제공

• 기초직업능력으로서의 대인관계능력표준에 따른 성취수준

구분			성 취 수 준
대인 관계 능력		상	팀구성원으로서 팀의 목표달성을 점검하고, 팀의 업무에 도움이 되는 정보를 제공하며, 업무수행과정에서의 갈등상황의 원인을 종합·분석하고, 최적의 협상전략에 따라 협상에 임하며, 제공된 서비스에 대한 고객의 만족을 종합·분석하여 향후 고객서비스에 반영한다.
		중	팀구성원으로서 팀의 목표를 공유하고, 팀의 업무에 도움이 되는 정보를 확인하며, 업무수행과정에서의 갈등상황의 원인을 파악하고, 일반적인 협상전략에 따라 협상에 임하며, 제공된 서비스에 대한 고객의 만족을 확인한다.
		하	팀구성원으로서 팀의 목표를 확인하고, 팀의 업무 특성을 파악하며, 업무수행과정에서의 갈등상황을 확인하고, 지시받은 협상전략에 따라 협상에 임하며, 고객의 요구에 따라 서비스를 제공한다.
하 위 능 력	팀워크 능력	상	팀의 구성원으로서 팀의 목표달성을 점검하고, 부족한 부분을 보완한다.
		중	팀의 구성원으로서 팀의 목표를 공유하고 자신의 역할 및 책임에 따라 업무를 수행한다.
		하	팀의 구성원으로서 팀의 목표를 확인하고, 자신의 역할 및 책임을 확인한다.
	리더십 능력	상	팀구성원들의 업무에 도움이 되는 정보를 제공하고, 팀구성원들을 동기화시키고 이끌며, 팀의 목표 및 비전을 제시한다.
		중	팀구성원들의 업무에 도움이 되는 정보를 확인하고, 팀구성원들에 대한 논리적인 설득으로 업무를 할당하며, 팀의 목표 및 비전 설계과정에 동참한다.
		하	팀구성원들과 업무의 특성을 파악하고, 팀구성원들에게 업무를 할당하며, 팀의 목표 및 비전을 인식한다.

구분		성 취 수 준
갈등 관리 능력	상	팀구성원들과 업무 수행과정에서 발생한 갈등상황의 원인을 종합, 분석하고, 최적의 갈등해결방법을 선택해서 적용한다.
	중	팀구성원들과 업무 수행과정에서 발생한 갈등상황의 원인을 파악하고, 갈등해결 방법을 팀원들과 공유한다.
	하	팀구성원들과 업무 수행과정에서 발생한 갈등상황을 인식하고, 갈등해결방법을 탐색한다.
협상 능력	상	업무 수행과정에서 협상 쟁점 사항과 협상 상대의 전략을 평가하고, 목표와 상황을 종합해서 최적의 협상전략을 선택하여 협상에 임한다.
	중	업무 수행과정에서 협상 쟁점 사항과 협상 상대를 분석하고, 일반적인 협상전략에 따라 협상에 임한다.
	하	업무 수행과정에서 협상 쟁점 사항과 협상 상대를 확인하고, 지시된 협상전략에 따라 협상에 임한다.
고객 서비스 능력	상	업무 수행과정에서 다양한 고객의 요구에 대한 해결책을 마련하고, 제공된 서비스에 대한 고객의 만족을 분석·종합하여 향후 서비스에 반영한다.
	중	업무 수행과정에서 다양한 고객의 요구를 분석, 종합하고, 제공된 서비스에 대한 고객의 만족을 확인한다.
	하	업무 수행과정에서 다양한 고객의 요구를 확인하고, 서비스를 제공한다.

출처 : NCS 홈페이지 직업기초능력 교수자용 매뉴얼

• 작성 Point

- 소통이 어려운 것은 서로의 오해와 갈등 때문입니다. 상호교류와 상대에 대한 진정한 이해를 바탕으로 한 행동과 태도가 중요합니다.

- 상대방의 입장을 이해하고 약속의 소중함을 행동으로 보여주고, 어려운 상황에서도 원칙을 준수하는 행동이어야 합니다.

- 배려와 희생의 마음을 가진 사람이라는 것을 알려야 하고, 에피소드가 있으면 그것들을 잘 적어야 합니다.

- 갈등상황에서 상대방을 설득하는 전략이나 효과적인 소통방법을 사용했다면, 합의에 이르는 과정을 논리적으로 잘 표현하세요.

- 갈등상황에 대한 원인 분석 뿐 아니라 실천이 중요합니다. 모든 조직원들이 원만하게 지낼 수 있도록 갈등에 대한 분석과 조정, 나아가 이를 반영하는 능력까지 갖추고 있다는 점을 보여주세요.

〈자신의 경험 노트〉

	경 험
기업 · 단체	
업무명	
기간	
주요 역할	
내용	
성과 및 교훈	

〈자신의 경력 노트〉

	경 력
기업 · 단체	
업무명	
기간	
주요 역할	
내용	
성과 및 교훈	

⑧ 정보능력

• **정의**

업무와 관련된 정보를 수집하고, 이를 분석하여 의미 있는 정보를 찾아내며, 의미있는 정보를 업무수행에 적절하도록 조직하고, 조직된 정보를 관리하며, 업무 수행에 이러한 정보를 활용하고, 이러한 제 과정에 컴퓨터를 사용하는 능력을 말합니다.

• **구조**

하위능력	정의	세부요소
컴퓨터 활용능력	업무와 관련된 정보를 수집, 분석, 조직, 관리, 활용하는데 있어 컴퓨터를 사용하는 능력	• 컴퓨터 이론 • 인터넷 사용 • 소프트웨어 사용
정보 처리능력	업무와 관련된 정보를 수집하고, 이를 분석하여 의미 있는 정보를 찾아내며, 의미 있는 정보를 업무 수행에 적절하도록 조직하고, 조직된 정보를 관리하며, 업무 수행에 이러한 정보를 활용하는 능력	• 정보 수집 • 정보 분석 • 정보 관리 • 정보 활용

• 기초직업능력으로서의 정보능력표준에 따른 성취수준

구분			성 취 수 준
정보능력		상	업무와 관련된 정보를 다양한 매체와 방법을 통해 의미와 가치를 평가하여 활용목적에 따라 신속하게 수집·분석하고 목적에 따라 활용될 수 있도록 DB화하여 조직하며 선택·활용을 용이하게 한다. 이를 컴퓨터가 필요한 모든 부분에서 활용한다.
		중	업무와 관련된 정보를 다양한 매체와 방법을 이용하여 수집하고 활용목적에 따라 종합·관리하며 적절하게 선택·활용한다. 이러한 과정에서 컴퓨터가 필요한 대부분에서 컴퓨터를 활용한다.
		하	업무와 관련된 정보를 컴퓨터가 필요한 일부분에서 이용하여 수집하고 활용목적에 따라 분석하며 제한된 방법으로 조직하고 필요한 정보를 활용한다. 이러한 과정에서 컴퓨터가 필요한 일부분에서 컴퓨터를 활용한다.
하위능력	컴퓨터 활용 능력	상	컴퓨터 이론에 관한 전문적 지식을 업무에 적용하고 인터넷을 통해 필요한 정보를 효과적으로 검색하여 업무에 활용하며 소프트웨어를 사용하여 업무를 효과적으로 달성한다.
		중	컴퓨터 이론에 관한 전문적인 지식을 이해하고 인터넷을 통해 필요한 정보를 검색하고 관리하며 소프트웨어를 사용하여 문서작성, 자료정리, 자료분석 등을 수행한다.
		하	컴퓨터 이론에 관한 기초적인 지식을 이해하고 인터넷을 통해 간단한 검색, 채팅, e-mail을 이용하며 간단한 문서를 작성할 수 있는 소프트웨어를 이용한다.

구분		성 취 수 준
정보 처리 능력	상	다양한 매체와 방법을 이용해서 정보를 신속하게 수집하고 활용목적에 따라 평가하며 DB화하여 관리하고 정보를 목적에 맞게 활용하였는지 평가한다.
	중	다양한 매체와 방법을 이용해서 정보를 수집하고 활용목적에 따라 종합하며 업무목적에 맞게 관리하고 적절한 정보를 선택·활용한다.
	하	한두 가지의 방법을 이용해서 정보를 수집하고 목적에 따라 분석하며 관리하는 방법을 이해하고 필요한 정보를 수집한다.

출처 : NCS 홈페이지 직업기초능력 교수자용 매뉴얼

• **작성 Point**

- 정보능력이 갈수록 중요해지고 있습니다. 정보능력이 없는 사람은 업무 능력이 떨어질 수밖에 없습니다. 정보능력 뿐 아니라 DB를 수집하고 관리하는 일도 중요해졌습니다. 빅데이터 수집 및 분석 능력은 기업의 사활이 걸린 문제입니다.

- 정보를 찾고 분석하는 일은 중요합니다. 특히 정보의 신뢰성이 중요하기 때문에 신뢰도 높은 정보를 만들기 위해 노력했다는 점을 보여주어야 합니다.

- 미래사회에서는 컴퓨터 활용능력이 갈수록 중요하기 때문에 컴퓨터 관련 자격증을 취득했다거나, 관련 교육을 받은 경험 등 컴퓨터 활용 능력을 갖추고 있다는 점을 자기소개서에 잘 포장해 작성하세요.

〈자신의 경험 노트〉

	경 험
기업 · 단체	
업무명	
기간	
주요 역할	
내용	
성과 및 교훈	

〈자신의 경력 노트〉

	경 력
기업 · 단체	
업무명	
기간	
주요 역할	
내용	
성과 및 교훈	

⑨ 기술능력

• **정의**

업무를 수행함에 있어 도구, 장치 등을 포함하여 필요한 기술에는 어떠한 것들이 있는지 이해하고, 실제로 업무를 수행함에 있어 적절한 기술을 선택하여 적용하는 능력을 말합니다.

• **구조**

하위능력	정의	세부요소
기술이해능력	업무 수행에 필요한 기술적 원리를 올바르게 이해하는 능력	• 기술의 원리와 절차 이해 • 기술 활용 결과 예측 • 활용 가능한 자원 및 여건 이해
기술선택능력	도구, 장치를 포함하여 업무 수행에 필요한 기술을 선택하는 능력	• 기술 비교, 검토 • 최적의 기술 선택
기술적용능력	업무 수행에 필요한 기술을 업무 수행에 실제로 적용하는 능력	• 기술의 효과적 활용 • 기술 적용 결과 평가 • 기술 유지와 조정

• 기초직업능력으로서의 기술능력표준에 따른 성취수준

구분			성 취 수 준
기술능력		상	업무에 필요한 복잡한 기술을 이해하고, 자신의 객관적 판단에 따라 기술을 선택하고, 다양한 상황에 기술을 적용한다.
		중	업무에 필요한 기본적인 기술을 이해하고, 상사의 지시에 자신의 생각을 적용하여 기술을 선택하고, 업무와 관련된 상황에 기술을 적용한다.
		하	업무에 필요한 간단한 기술을 이해하고, 상사의 지시에 따라 기술을 선택하여, 한 가지 상황에 기술을 적용한다.
하위능력	기술이해능력	상	업무수행에 필요한 복잡한 기술의 원리 및 절차를 확실하게 이해한다.
		중	업무수행에 필요한 기본적인 기술의 원리 및 절차를 대략적으로 이해한다.
		하	업무수행에 필요한 단순한 기술의 원리 및 절차를 부분적으로 이해한다.
	기술선택능력	상	업무수행에 필요한 기술을 자신이 비교 · 분석한 후 장 · 단점을 파악하여 선택한다.
		중	업무수행에 필요한 기술을 기존에 적용된 것 중에서 자신이 선택한다.
		하	업무수행에 필요한 기술을 상급자의 지시대로 선택한다.
	기술적용능력	상	업무수행에 필요한 기술을 실제로 여러 가지 상황에 적용하고, 그 결과를 분석한다.
		중	업무수행에 필요한 기술을 실제로 몇 가지 상황에 적용하고, 그 결과를 이해한다.
		하	업무수행에 필요한 기술을 실제로 한 가지 상황에 적용하고, 그 결과를 있는 그대로 확인한다.

출처 : NCS 홈페이지 직업기초능력 교수자용 매뉴얼

• 작성 Point

- 기술능력은 주로 경력 및 경험기술서 항목에 작성하도록 되어 있는데, 자기개발능력과 함께 제시되는 경우가 많습니다. 취준생들의 업무에 필요한 기술 이해 및 선택, 적용능력 등을 판단합니다. 업무를 수행하는데 필요한 기술을 이해하고 실제로 적절한 기술을 선택해 적용하는 능력을 봅니다.

- 기술능력도 좋지만 역량을 갖추기 위한 준비 과정도 중요합니다. 지원 직무와 관련해 쌓아온 지식, 기술, 태도를 작성하고, 현재 부족한 역량은 자기 개발을 통해 보완하고 있다는 점이 포인트입니다.

- 특히 기술직 지원자에게 기술능력은 아주 중요합니다. 기술능력은 경험면접 뿐 아니라 상황면접에서도 그대로 적용되기 때문에, 평소 자신의 기술능력을 파악하고 요약하는 것이 좋습니다.

〈자신의 경험 노트〉

	경 험
기업 · 단체	
업무명	
기간	
주요 역할	
내용	
성과 및 교훈	

〈자신의 경력 노트〉

	경 력
기업 · 단체	
업무명	
기간	
주요 역할	
내용	
성과 및 교훈	

⑩ 직업윤리

• 정의

업무를 수행함에 있어 원만한 직업생활을 위해 필요한 태도, 매너, 올바른 직업관을 말합니다.

• 구조

하위능력	정의	세부요소
근로 윤리	업무에 대한 존중을 바탕으로 근면하고 성실하고 정직하게 업무에 임하는 자세	• 근면성 • 정직성 • 성실성
공동체 윤리	인간 존중을 바탕으로 봉사하며, 책임있고, 규칙을 준수하며 예의 바른 태도로 업무에 임하는 자세	• 봉사정신 • 책임의식 • 준법성 • 직장예절

• 기초직업능력으로서 직업윤리표준에 따른 성취수준

구분			성 취 수 준
직업 윤리	상		근로자에게 요구되는 기본적인 윤리를 준수하고 있는가? 공동체의 유지 · 발전에 필요한 기본적인 윤리를 준수하고 있는가?
	중		
	하		
하 위 능 력	근로 윤리	근면성	직장생활에 있어 부지런하고 꾸준한 자세를 유지하고 있는가?
		정직성	직장생활에 있어 속이거나 숨김이 없이 참되고 바르게 행동하는가?
		성실성	맡은 업무에 있어서 자신의 정성을 다하여 처리하는가?
	공동체 윤리	봉사 정신	자신의 이해를 먼저 생각하기보다는 국가, 기업 또는 남을 위하여 애써 일하는 자세를 가졌는가?
		책임 의식	주어진 업무 또는 하기로 하고 맡은 업무는 어떠한 일이 있어도 하는 자세를 가졌는가?
		준법성	직장에서 정해진 규칙이나 규범 등을 지키고 따르는가?
		직장 예절	직장생활과 대인관계에서 절차에 맞는 공손하고 삼가는 말씨와 몸가짐을 가졌는가?

출처 : NCS 홈페이지 직업기초능력 교수자용 매뉴얼

• 작성 Point

– 근로자의 기본적인 윤리관과 공동체에 대한 봉사정신, 책임의식 등을 강조하는 항목입니다.

– 최근 기업 및 기관에서는 직업윤리를 강조하고 있습니다. 질서와 기본 윤리를 잘 지키는 도덕성의 가치와 신념을 보여주는 것이 핵심입니다. 맡은 일에 책임감을 가지고 정직하게 원칙적으로 일처리를 하고 있다는 것을 보여주어야 합니다.

〈자신의 경험 노트〉

	경 험
기업·단체	
업무명	
기간	
주요 역할	
내용	
성과 및 교훈	

〈자신의 경력 노트〉

	경 력
기업·단체	
업무명	
기간	
주요 역할	
내용	
성과 및 교훈	

취업 Note

〈자기소개서 채점 기준표〉

2017년 교통안전공단에서 공개한 자기소개서 채점 기준(신규직)을 참고해 만든 기준표 예시입니다. 각 기관에 따라 채점 기준표는 차이가 있을 수 있습니다.

〈자기소개서 채점 기준 예시 1〉

평가기준	배점	채점기준				
		탁월	우수	보통	미흡	불량
아이디어 개발, 개선 노력(5점)	성과도출 (2.5)	2.5	2.0	1.5	1.0	0.5
	자기주도 (2.5)	2.5	2.0	1.5	1.0	0.5
위기상황 극복 위한 노력(5점)	성과도출 (2.5)	2.5	2.0	1.5	1.0	0.5
	자기주도 (2.5)	2.5	2.0	1.5	1.0	0.5
타인과의 협력도출을 위한 노력(5점)	성과도출 (2.5)	2.5	2.0	1.5	1.0	0.5
	자기주도 (2.5)	2.5	2.0	1.5	1.0	0.5
문제해결을 위한 노력(5점)	성과도출 (2.5)	2.5	2.0	1.5	1.0	0.5
	자기주도 (2.5)	2.5	2.0	1.5	1.0	0.5
조직 이해를 위한 능력(5점)	성과도출 (2.5)	2.5	2.0	1.5	1.0	0.5
	자기주도 (2.5)	2.5	2.0	1.5	1.0	0.5

〈자기소개서 채점기준 예시 2〉

점수	평정 기준

	• 답변 내용에 아래의 조건이 부합될 때
	  1. 해당 역량 발휘를 위한 명확한 증거가 있을 때
	  2. 해당 역량의 행동지표가 명확히 포함될 때
	  3. 교훈이나 배울 점 등이 포함될 때

3점	3가지 조건이 부합
2점	2가지 조건이 부합
1점	1가지 또는 조건에 부합되지 않을 때

PART 1. 채용시험의 대변화

PART 2. 블라인드 채용 준비과정

PART 3. 서류전형 및 필기시험

PART 4. 자기소개서

PART 5. 블라인드 면접

7강. 자기소개서 첨삭 사례

① 지원동기 첨삭지도 사례

첨삭 전

저는 살아오면서 제가 마음속으로 존경하는 분들 중 공무원이신 분들과 인연이 많았습니다. 그 분들의 성품과 공무원으로서의 삶을 닮아가고픈 마음이 제가 공무원을 꿈꾸도록 만들었습니다. ○○은 저에게 어릴 적 제2의 고향으로 남아 있는 곳입니다. 제가 유치원에 들어가기 전에 어머니께서 큰 수술을 하셔서 ○○에 계신 외할머니와 함께 지냈었는데 그 때 마을 어른들께서 많이 귀여워해주셨던 기억이 납니다. 그리고 남자친구의 직장이 ○○과 가까워서 미래의 저의 보금자리가 될 곳이기도 하고, 미래의 저의 아이들이 꿈을 펼칠 수 있는 곳이기도 합니다. 그래서 ○○체험관과 ○○박물관에 갔을 때에는 아이들을 위한 시설들을 눈여겨보게 되기도 하였습니다.

제가 ○○ 일반 행정직 공무원이 되고자 한 이유는 이런 저의 과거이자 미래인 우리 지역의 주민들에게 좀 더 가까운 현장에서 도움을 줄 수 있는 공무원이 되고 싶기 때문입니다.

첨삭 후

제가 어렸을 때 자란 동네는 ○○을 한눈에 다 볼 수 있는 ○○공원 근처입니다. 그 때 ○○은 항상 쓰레기가 많고 낙후되어 어두웠습니다. 그런 ○○이 이제는 ○○의 명소가 되었습니다. 그 뒤에는 ○○프로젝트를 추진한 공무원의 노력이 있었다고 들었습니다. 이런 좋은 공공사업 정책을 집행하는 공무원 덕분에 자신의 행복만 아니라 궁극적으로 시민들이 행복을 더 느낄 수 있다고 생각합니다.

저는 시민들을 위한 공공정책 집행을 위해 공무원이 되고자 결심하였습니다. 특히 ○○○

창조경제 클러스터 활성화 사업을 관심 있게 보았습니다. OOO 시장은 저의 집과 가깝기도 하고 전공과도 밀접한 곳입니다. 이 사업은 저의 경험과 전공을 살릴 수 있는 사업이라고 생각합니다. 이 사업이 활성화 된다면 패션산업과 OO의 경제는 더 나아질 것입니다.

10년 뒤 OOO을 OO에서 가장 선호하는 관광지로 만들도록 하겠습니다.

20년 뒤 관광객들을 유인할 패션메카로 조성하겠습니다.

30년 뒤에는 OOO 시장을 활성화시킨 1등 주역이라는 소리를 듣고 싶습니다.

② 성격 장·단점 첨삭지도 사례

첨삭 전

저는 지인들에게 '상담 참 잘해준다'라는 말을 듣곤 했습니다. 아마도 힘든 일이 있을 때 잘 들어주고 위로해주기 때문인 것 같습니다. 하지만 여러 사람들의 이야기를 들어주다보니 제가 일을 해야 하는 시간이 부족해지는 적도 종종 있었습니다.

이를 보완하고자 저는 하루를 좀 더 일찍 시작하여 여유시간을 확보하고, 일의 우선순위를 정하여 주어진 시간에 최대한 집중하려고 합니다. 제가 가진 소통 능력을 발휘하여 고객의 소리에 귀 기울이고, 시간분배도 잘하여 업무에 효율성을 높이겠습니다.

첨삭 의견

단순하게 성격의 장·단점을 밝히면 안 됩니다. 구체적인 활동을 적는 것이 좋습니다. 이를 통해 어떤 교훈을 얻었고, 앞으로 어떤 일을 할 수 있는가를 밝힌다면 금상첨화일 것 같습니다. 이를 구체적으로 적고 어떻게 극복할 것인가를 제시할 필요가 있습니다.

※ 이 학생은 자신의 장점을 '소통'이라고 생각하고 있었습니다. 소통을 장점으로 내세우다 보니, 단점을 장점처럼 포장하고 있었습니다. '상담을 잘하는 것'은 소통을 잘 한다는 의미로 분명 장점일 수 있지만, 반대로 거절을 못하는 단점일 수도 있는 것입니다. '맺

고 끊는 것이 부족하다.'는 인상을 줄 수 있습니다. 상담 결과 입사 희망 회사의 업무 특성상 소통보다는 '끈기'가 이 학생의 더 큰 장점이라는 것을 알 수 있었습니다. 이 때문에 성격의 장·단점을 '끈기'로 정하고, 글자 수에 맞춰 다시 정리했습니다.

첨삭 후

저의 장점은 끈기가 있다는 점입니다. 사망률이 높은 '파보장염'에 걸린 강아지를 저는 2주 동안 거의 잠도 자지 않고 보살펴 살려냈습니다. 이런 끈기로 상사가 시키는 일을 밤을 새서라도 마무리할 자신 있습니다.

저의 단점은 거절을 못한다는 것입니다. 이 때문에 스트레스를 심하게 받습니다. 거절할 상황이라면 단호해야 한다고 스스로 계속 다짐을 합니다.

③ 경험 첨삭지도 사례

첨삭 전

- 최근의 봉사활동 경험 및 느낀 점(없다면 향후 계획)

대학 시절 초반에 교회 찬양동아리인 ○○○○에서 싱어로서 활동했고 20대 중반에는 청년부 회장을 하였습니다. 그 당시 청년이라는 신분으로 교회에서 교사로서 봉사할 뿐만 아니라 군부대, 보육원, 장애시설 등을 다니며 봉사활동을 하였습니다. 2000년에 처음으로 ○○○공원에 있는 장애인 복지시설에 봉사하러 간 적이 있습니다. 그 시설에서 한 명의 아이와 함께 놀아주고 식사도 먹여주며 하루를 보냈었습니다. 처음에는 약간 불편하고 어색하였지만, 그들도 겉모습만 다르지 우리와 같은 사람이라는 생각으로 사랑을 주었습니다. 하루 일정을 마치고 헤어지려고 할 때 나와 함께 했던 아이가 아쉬워하며 떠나지 않기를 바라는 마음이 느껴졌습니다. 저는 이를 통해서 저 자신이 얼마나 행복한지를 깨닫게 되었고 어려운 사람을 도우며 살자는 마음을 갖게 되었습니다. 그 후에도 3달에 한 번씩 봉사활동을 할 때마다 뿌듯하고 기분이 좋았습니다. 입사한다면 사람의 겉모습이 다르다고, 돈이 없다고, 부모 형제가 없다고 소외당하는 사람들이 많이 없어져 모든 사람이 평등하고 사랑을 받으며 건강한 사회인이 될 수 있도록 더욱더 많이 노력할 것입니다.

첨삭 의견

모든 글은 논리적으로 흐름이 자연스러워야 합니다. 전체적으로 글의 구성이 조화롭게 이루어져야 하는데, 그런 부분이 약한 것 같습니다. 싱어로서 활동, 청년부 회장을 했다는 것과 봉사활동을 한 것이 무슨 직접적인 관계가 있는지 의문이네요. 물론 봉사활동을 할 때 맡았던 직책으로 보이지만, 자기소개서는 분량이 정해져 있기 때문에 이 부분은 사족(蛇足)으로 판단됩니다.

봉사활동을 한 것을 적고, 그 활동을 하면서 느낀 점을 적어야 합니다. 내용도 너무 평범합니다. 상대방에게 감동을 주는 글이어야 합니다.

첨삭 후

2000년 처음으로 OOO공원에 있는 장애인 복지시설에 봉사하러 갔을 때 일입니다. 앞을 보지 못하는 'OO'의 눈망울을 지금도 잊지 못합니다. OO이와 처음 만났을 때는 다소 어색했지만, 정성을 다해 서로의 마음을 주고받았습니다. 헤어질 때 OO이는 눈물을 뚝뚝 흘리며 이별을 아쉬워했습니다. 비록 앞을 못 보는 OO이었지만, 따뜻한 마음은 보고 있었던 것입니다.

이후 3달에 한 번씩 봉사활동을 갔고, 봉사는 저의 기쁨이 되었습니다. 어려운 곳에서 생활하는 모든 분들을 부모님 또는 친동생들이라고 생각하고 돌보며, 서로의 따뜻한 마음을 나누겠습니다.

④ 성격의 장·단점 첨삭지도 사례

첨삭 전

제가 맡은 일은 꼼꼼히 하고 끝까지 마무리 하고 싶은 성격으로 인하여 때로는 너무 일에 몰두하여 급하게 일을 처리하려는 경향이 있습니다. 이런 점을 보완하기 위해 항상 모든 일들을 메모해놓는 습관을 가지고 있습니다. 그것을 보며 오늘 하지 못한 일, 혹은 해야 할 일 등을 저만의 체크리스트를 만들고 있습니다.

첨삭 의견

장점과 단점을 정확히 적어야 합니다. 장점은 맡은 일은 최선을 다해 처리한다는 부분, 단점은 급하게 일을 처리하는 경향이 있다는 부분을 구분해서 적을 필요가 있습니다.

장점으로 꼼꼼히 일을 하고 끝까지 최선을 다한다는 부분을 강조하고, 이에 따른 메모습관이 자연스럽게 형성되었다는 점을 적습니다. 단점은 급하게 일을 처리하는 부분을 적으면 됩니다.

일에 몰두하기 때문에 급하게 일을 처리한다는 것은 논리적으로 말이 되지 않습니다. 급하게 일을 처리하려는 경향 때문에 실수한 부분을 적고, 개선방향을 밝힐 필요가 있습니다.

글을 쓸 때 논리가 중요하다는 것을 항상 명심하세요.

⑤ 문제해결능력 첨삭지도 사례

첨삭 전

• 입사 후 본인이 누릴 수 있는 좋은 점과 당면하게 될 고충은 무엇이 있을지 각각 고민해보고, 고충은 어떻게 극복해나갈지 경험에 비추어 기술해주세요.(300자 이상 700자 이내)

저는 때가 되면 고등학교를 가고 성적에 맞춰 대학을 가고 국가에 부름을 받아 군대에 가고 지금껏 자아정체성에 대해 생각해 보지 않았습니다. 직업이라는 것도 그런 줄만 알 았습니다. 하지만 사회의 벽은 너무나도 높다는 것을 깨닫게 되었고 그동안 꿈이라는 것 없이 현재 주어진 생활에 안주하며 살았던 것은 아닌가 생각했습니다. 사람은 누구나 진 정으로 좋아하는 일을 할 때 행복감을 느낍니다. 자칫 평범하게 지나갈 수 있었던 단 한번 뿐이었던 인생에 OO이라는 회사에 매력을 알게 되었습니다. 저에게 처음으로 간절하고 꿈 이라는 것을 꾸게 해준 OO에 입사하게 된다면 그동안 낮아져 있었던 자존감을 높일 수 있 고 주변사람들에게 당당히 자랑할 수 있는 마음자세를 끝까지 마음속에 새기고 또 새기며 한마디로 '멋진 OO인' 이 되겠습니다.

저는 친구들과 그저 어울리기만 좋아하고 학창시절 성적도 늘 다소 낮았습니다. 배움이 부족하다는 저의 최대의 아킬레스건은 OO사원이라는 직업을 갖기 위한 저에겐 너무나도 큰 꿈이었습니다. 머리가 좋은 사람보다 노력을 많이 하는 사람이 더 좋은 결과를 얻는다 고 생각합니다. 다른 사람들보다 '노력 없인 얻는 것도 없다' 라는 좌우명을 가지고 항상 성실히 하는 태도를 갖고 앞으로도 후회 없는 삶을 위해 최선을 다하며 타인에게 도움이 되는 삶, 그래서 나 자신에게도 도움이 되는 삶을 살아 갈 것입니다.

첨삭 후

• 입사 후 좋은 점

입사 후 제가 누릴 수 있는 좋은 점은 자립할 수 있다는 것입니다. 저는 그동안 부모님의 지원 속에서 살아왔습니다. 제가 우리나라 최고의 기업인 OO에 입사하게 된다면, 더 이상 부모님의 지원을 받지 않아도 됩니다. 이로 인해 부모님에게 자연스럽게 효도할 수 있게 된 것이 입사 후 제가 누릴 수 있는 가장 좋은 점이라고 생각합니다.

• 당면 고충 및 극복 방안

입사 후 당면하게 될 고충은 교대 근무로 인한 규칙적이지 못한 생활 패턴이 될 것 같습 니다. 규칙적이지 못한 생활패턴이 반복되어 몸 관리를 제대로 하지 못하게 되는 경우가 생기면 회사 측도 손해일 것입니다. 제가 만약 결근하게 된다면, 제가 맡아야 할 일까지도 다른 사원들이 대신 하기 때문에 주변에 피해를 줄 수 있다고 생각합니다. 이는 공장 전체의 품질 저하로 이어져 결국 고효율적인 생산을 못하게 될 것 갔습니다.

이러한 고충을 해결하기 위해 저는 나름대로 체력관리를 꾸준히 하겠습니다.

저는 최근 두 달 동안 00공단에 위치한 한 공장에서 2교대 근무했습니다. 주야 2교대 근무를 하면서 퇴근 후 몸 관리할 시간이 규칙적이지 않았습니다. 그러나 틈틈이 시간을 내 낮에는 등산을 했고, 저녁 늦게 시간이 될 때는 헬스장에 다녀 체력관리를 해 왔습니다. 또 주변 지인들과 간단한 축구 등산 등을 통해 건강도 챙기고 단합심도 길렀습니다.

저는 체력에 자신이 있습니다. 특유의 친화력으로 회사 선배들과 잘 어울리고, 남은 시간에 운동을 통해 체력관리를 한다면, 품질 또한 올라갈 것이고 회사 측도 고효율적인 생산을 할 수 있을 것이라고 자신합니다.

⑥ 조직이해능력 첨삭지도 사례

첨삭 전

• 자신이 인생을 살아가는 데에 가장 중요하게 여기는 가치와, 그 이유를 경험에 비추어 기술해주세요.(300자 이상 700자 이내)

저에게 가장 소중한 가치는 '사람' 입니다. '사람은 긁지 않은 복권이다' 라는 말처럼 중요시 생각하고 있습니다. 인간관계에서 신뢰는 가장 큰 핵심입니다. 신뢰는 하루아침에 이루어지는 것이 아니라 꾸준히 쌓여 그 신뢰를 바탕으로 인간관계를 맺고 더 나아가 삶에서 가장 큰 재산이 된다고 생각합니다. 저는 대학생활 중 산악동아리인 '00' 임원활동을 하였습니다. 리더십을 키우고 동아리 활동이 활발할 수 있도록 모임을 계획하며 대인관계를 넓힐 수 있었습니다. 동아리 회원을 모집하면서 호기심을 끌 수 있는 독창적인 홍보와 그 홍보로 사람들의 마음을 얻기 위함이 얼마나 힘든지, MT활동을 위해 장소 선정부터 회비의 투명성과 공정함을 팀원들에게 알리는 일이 얼마나 힘든지도 깨달았습니다. 감정이 상하지 않고 불편함에 귀 기울이며 구성원들과 소통을 하기 위해 노력하면서 소통이란 일방향적인 것이 아닌 쌍방향적인 것이라는 점과 내가 좋아하는 무언가를 포기하면서도 결론적으로는 결코 포기하는 것이 아닌 두 가지 모두를 다 가질 수 있다는 것을 일깨워준 소중한 경험을 얻었습니다. 그렇게 산악활동, 교내 동아리축제활동 등을 추진하고 하나씩 해낼 때마다 동아리에 대한 애착과 뿌듯함을 느낄 수 있었습니다. 저에게 있어 대학생활 동아리 활동이란 솔선수범과 양보, 인간관계와 신뢰를 배우게 해준 큰 경험이었습니다. 앞으로 그 경험을 생각하며 실천해 나가겠습니다.

첨삭 후

저에게 가장 소중한 가치는 '사람'입니다. 인간관계에서 신뢰는 가장 중요합니다. 신뢰는 하루아침에 이루어지는 것이 아니라 꾸준히 쌓아야합니다. 그 신뢰를 바탕으로 인간관계를 맺는다면 제 삶의 가장 큰 재산이 될 것으로 생각합니다.

저는 대학생활 중 산악동아리인 '00' 임원활동을 하였습니다. 그 과정에서 사람이 중요하다는 것을 알았습니다. 좋은 선배가 되기 위해서는 먼저 후배들과 소통을 잘해야 한다는 사실을 깨달았습니다. 산악동아리 회원 간에는 단합심이 중요합니다. 동아리에서 등산을 하면 혼자 하는 것이 아닙니다. 선후배 모두가 정상을 향해 한 명도 낙오 없이 가야합니다. 이 때 협동심이 없으면, 정상을 완주하지 못합니다.

보통 자기가 힘들면 남을 돌볼 여유가 없습니다. 저도 산행 때 너무 힘들어 마음속으론 다른 후배들을 챙길 여력이 없었습니다. 하지만 선배로서 후배들을 돕지 않으면, 신뢰를 얻지 못한다고 생각해 후배들을 잘 챙겨주려고 노력했습니다. 이 때문에 후배들도 저를 많이 따랐고, 저 또한 그 후배들과 함께 동아리를 잘 이끌어갈 수 있었습니다.

결국 모든 조직을 이끌어가는 것도 사람이고, 조직을 좋은 단체로 만드는 것도 사람이라는 것을 깨달았습니다. 저에게 대학 동아리 활동을 통해 솔선수범과 양보, 인간관계와 신뢰를 배우게 되었습니다. 앞으로 그 경험을 생각하며, 회사에서도 사람을 중심으로 회사 발전에 최선을 다하겠습니다.

8강. 직무기술서

예전 채용공고는 간단했습니다. 직무수행과 관련된 구체적인 과업 및 직무행동이 무엇인지 알기 어려웠습니다. 지금의 채용공고에서는 원하는 직무 내용을 자세히 알려줍니다. 블라인드 채용의 가장 큰 특징 중 하나는 채용공고에 직무기술서를 제시한 것입니다.

NCS 기반 채용에서는 채용공고에 직무기술서를 첨부하게 돼 있습니다. 공정한 실력 평가를 위해 직무수행에 필요한 지식, 기술, 태도를 정리한 직무기술서를 사전에 공개하도록 한 것이죠. 직무를 수행하면서 필요한 직업기초능력도 공개하도록 했습니다.

제출한 직무기술서를 서류 심사의 중요한 판단 기준으로 삼습니다. 본격 검증하는 단계는 면접입니다. 서류로 제출된 직무기술서 만으로는 제대로 된 평가를 할 수 없기 때문에 직무와 관련된 지식과 태도를 면접에서 자세히 보는 것입니다. 취업준비생들은 지원 전 해당 지원 기관의 직무기술서를 꼼꼼히 살펴보고 자기소개서 형태로 경험 · 경력 소개서를 제대로 작성하면 면접까지 준비할 수 있습니다.

채용담당자는 직무기술서에 정의된 기준을 바탕으로 평가를 합니다. 지원자는 직무기술서를 통해 본인이 지원하는 직무에 대해 이해하고 지원할 수 있어 채용 기업과 지원자 모두 도움이 될 수 있을 것입니다. 특히 경력자를 채용하는 공공기관에서 지원자를 평가하는 중요한 서류가 바로 경험 및 경력 기술서이기 때문에 더욱 신경을 써야 합니다.

블라인드 채용 서류 전형과정에서는 학점, 어학 점수 등을 주로 안 보고. 대신 경험 및 경력 기술서를 쓰도록 요구하고 있습니다. 자기소개서와는 별도로 제출해야 하는 서류들인데, 개별 기업에 따라 세 가지 종류(자기소개서, 경험기술서, 경력기술서)의 서류를 다 원하는 곳도 있고, 이 중에 두 가지 정도만 원하는 기업도 있습니다. 경력은 금전적인 보수를 받고 수행한 활동을 말하고, 경험은 금전적인 보수를 받지 않고 수행한 활동을 의미합니다.

공부만 하던 학생들이 경험 및 경력 기술서를 쓰기란 쉽지 않습니다. 고작해야 아르바이트, 해외연수 등 대부분 비슷비슷한 내용을 쓸 가능성이 큽니다. 차별화가 되지 않고 경험 및 경력 기술서가 천편일률적으로 보일 수 있습니다.

기술능력을 평가하기 위한 경험기술서는 '특정한 기술을 활용해 보았는지'가 핵심입니다. 지원자는 문제 해결을 위한 기술 활용에 익숙하다는 점을 잘 드러내야 하겠죠. 일반적이지 않고 차별화된 기술 영역에 대한 탐색이나 고민을 제시해야 높은 점수를 받을 수 있습니다. 경험을 통한 문제 해결 능력을 중시합니다.

입사지원서에는 경력 및 경험에 대해 간단히 적도록 하고, 상세한 내용은 경력 및 경험 기술서를 통해 당시 맡았던 역할 및 주요 수행업무, 성과에 대해 자세히 기술하도록 요구합니다. 결국 경험 및 경력 기술서는 자신의 경험을 소개한 것 뿐 아니라 면접에서 중요한 자료로 활용되기 때문에 신경을 많이 써야 합니다.

실제 공공기관에서 요구하는 경험기술서 및 경력기술서 예시입니다.

• **경험기술서**

1. 입사지원서에 기술한 직무관련 기타 활동에 대해 상세히 기술해 주시기 바랍니다.
2. 구체적으로 본인이 수행한 활동 내용, 소속 조직이나 활동에서의 역할, 활동 결과에 대해 작성해주시기 바랍니다.

• **경력기술서**

1. 입사지원서에 기술한 경력 사항에 대해 상세히 기술해 주시기 바랍니다.
2. 구체적으로 직무영역, 활동/경험/수행 내용, 본인의 역할 및 구체적 행동, 주요 성과에 대해 작성해 주시기 바랍니다.

지원자의 경험과 경력을 어떻게 끄집어내느냐, 그리고 이를 어떻게 녹여내느냐가 채용의 관건입니다. 취업준비생들은 자기 자신을 돌아보고 자신이 경험해 온 부분들을 어떻게 의미 있는 글로 표현할 지 고민을 해야 합니다. 차별화된 경험 및 경력 기술서가 높은 점수를 받을 수 있다는 점 꼭 명심하시길 바랍니다.

직무설명서에서 확인해야 할 내용은 능력단위와 필요지식, 기술, 수행태도입니다. 필요지식에서 요구하는 것 중 대학생 신분에 있는 사람들이 확인해야할 것은 관련 교과목 이수여부입니다. 만약 관련 교과목을 이수한 것이 없다면 외부기관에서 직업교육을 들은 것도 인정됩니다.

기술에서 요구하는 것은 자격증 및 직무와 관련된 기술에 대한 이해도이고, 수행태도에서는 요구하는 역량과 관련된 경험을 통해 쌓은 노하우나 인적네트워크 등 입니다. 따라서 취업준비생이라면 입사지원서를 내기 전 지식, 기술, 경력에 대한 분석과 함께 이를 자신의 역량과 매핑하는 작업을 하는 것이 좋습니다.

대학교에서 수강한 과목 외에 직업교육(HRD-Net)도 포함되므로 관련 교육을 이수하면 해당 이력을 기재하는 것이 도움이 됩니다. 사소한 경험이라도 직무연관성이 있다면 충실히 작성하는 것이 중요합니다.

2017년 코레일 채용시험에 공개한 직무소개서입니다.

【코레일 직무소개서 : 사무영업】

채용분야	사무영업	분류체계	대분류	02. 경영 · 회계 · 사무		
			중분류	01. 기획 · 사무		02. 총무 · 인사
			소분류	01. 경영기획	03. 마케팅	01. 일반사무
			세분류	03. 경영기획	01. 마케팅 전략기획 / 02. 고객관리	03. 사무행정
기관 주요사업	○ 국유 철도를 기반으로 한 여객 및 물류 운송, 역 시설 개발 및 운영, 국유철도 및 관련 시설 유지보수					
직무수행 내용	○ 철도공사의 경영 목표 달성을 위해 역에서 매표, 안내, 열차조성의 업무를 수행하고, 다양한 열차 상품을 기획 및 판매하며, 향후 경영 및 영업 전략 기획, 자원을 효율적으로 활용하기 위한 방안 수립, 해외사업 진출 등 원활한 조직 운영을 위한 업무 수행					
전형방법	○ 입사지원 → 서류전형 → 필기시험 → 면접시험(인성역량검사 포함) → 철도 적성검사 → 인턴십(실무수습) → 신체검사 · 신원조사 → 정규직 임용					
일반요건	연령	2017년 12월 31일 기준 만 18세 미만과 공사 정년(만 60세) 초과자 제외				
교육요건	학력	무관				
필요 지식	○ (경영기획) 경영이념, 핵심가치체계 경영환경, 경영철학, 기업문화, 핵심성과지표, 해당 산업/동종업계/시장환경 동향 등 경영계획 수립에 필요한 개념 및 지식 ○ (마케팅 전략기획) 상품 수요 예측, 판매/매출/생산/시설투자 등 중장기 마케팅 전략 및 계획 수립, 디지털 경로별 특성, 사용 고객의 특성 이해, 경쟁사 벤치마킹, 전략적 제휴의 유형과 방법에 대한 이해, 평가방법론, 마케팅조사방법론 등					

	○ (고객관리) 고객관계 관리 관련 지식, 소비자 분석 방법론, 자료 수집 방법 및 절차 지식, 고객요구분석 방법, 고객심리 관련 지식, 데이터 분류 분석법 ○ (사무행정) 문서작성/문서관리/문서기안 규정 및 지침에 대한 이해, 업무용 소프트웨어의 특성 및 기능 이해, 데이터 특성 및 분석 기법 관련 지식, 예산 및 회계 지식
필요 기술	○ (경영기획) 경영환경 분석기법, 경쟁자 분류 기술, 고객 및 소비자 분류 기술, 핵심성공요소 도출 기법, 벤치마킹 기법 핵심가치 및 비전 도축 기법, 자산 및 역량 분석 기법, 사업 포트폴리오 분석 기법, 기획서 작성 기술 등 ○ (마케팅 전략기획) 시장 환경 분석 기술, 마케팅 전략 수립 기술, 마케팅 리서치 결과 분석 및 예측 기술, 사업타당성 분석 기술 등 ○ (고객관리) 전략 목표 수립을 위한 고객 분석 능력, 통계 프로그램 활용 능력, 고객 유형별 고객 가치 측정 능력, 고객 응대 기술 등 ○ (사무행정) 문서작성 및 관리 능력, DB 자료 수집, 관리 및 활용 능력, 업무용 소프트웨어 및 사무기기 활용 기술, 예산 및 회계프로그램, 재무비율 분석 기술, 정보검색 기술 등 ○ (외국인 고객응대 및 해외철도 교류 · 사업 관리) 역사 및 열차 내 외국인 고객 응대를 위한 외국어능력, 해외철도 교류 및 사업관리를 위한 외국어 능력 등
직무수행 태도	○ 창의적 사고, 목표중심적 사고, 도전적이고 적극적인 태도, 종합적 사고, 원활한 의사소통 태도, 논리적/분석적/객관적 사고, 공정성 확보 노력, 고객 지향 태도, 업무 규정 및 일정 계획 준수, 요청 내용에 대한 경청 자세, 정확한 업무 처리 태도
직업기초 능력	○ 의사소통능력, 수리능력, 문제해결능력, 정보능력, 조직이해능력
참고 사이트	○ www.ncs.go.kr 홈페이지 → NCS 학습모듈 검색

출처 : 코레일 채용공고(2017년)

PART 5
블라인드 면접

PART 5. 채용시험의 대변화

1강. 면접의 기본

　누구나 면접질문에 대한 정답을 찾기 위해 한 번 쯤은 인터넷을 통한 정보검색을 해봅니다. 하지만, 면접에는 정답이 존재하지 않습니다. 합격한 기존 사례들을 통해 모범답안을 준비하는 것이 잘못되었다라고 단정할 순 없지만, 지금까지 살아오면서 나를 평가했던 주위 사람들의 의견이 일치하지 않았던 것을 본다면 면접 역시 정답이 정해져 있다고 볼 수는 없습니다.

　나를 평가하게 되는 각각의 면접위원의 성향과 가치관에 따라서 그 답변에 대한 평점은 달라질 수 있습니다. 비록 구조화 면접이 시행되고 있지만요. 작년의 면접위원이 나를 평가하는 면접위원이 되리라는 보장도 없습니다.

　어떤 질문이든 나만의 논리적인 생각, 그 답변을 듣는 면접위원을 설득할 수 있는 답변이라면, 그 답변이 정답이라고 생각해도 과언은 아닙니다. 누구든 각자의 인생과 살아온 길이 다릅니다. 따라서 같은 질문에 대한 답변도 다를 수밖에 없다는 것을 전제로 알고 있었으면 좋겠습니다.

면접 차림새

　면접 시 옷차림은 기업의 사풍과 지원 분야에 따라 연출법이 달라집니다. 일반적인 사무직이라면 단정하고 깔끔한 이미지를 주는 것으로, 전문직이라면 조금은 개성 있는 연출로 자신만의 이미지를 표현하는 것이 좋습니다.

① 복장

면접복장은 나를 잘 보이기 위한 수단이 아니라 면접위원에게 좋은 인상을 심어주기 위한 것임을 잊지 말아야 합니다. 면접 당일 복장은 남녀 모두 짙은 색의 정장에 밝은 색 셔츠를 입는 것이 좋습니다.

- 남성 : 남성 지원자의 경우 흰색 셔츠를 착용하는 것이 무난하나, 푸른색이나 베이지색 셔츠도 무난합니다. 넥타이는 양복 및 셔츠 색과 조화를 이뤄야 하며 벨트의 버클을 살짝 가리는 정도의 길이가 적당합니다.
- 여성 : 여성 지원자의 경우 투피스 치마정장을 기본으로 하되, 바지 정장도 상관은 없습니다. 짙은 회색이나 검정색, 베이지색, 갈색 등은 면접위원에게 좋은 인상을 줄 수 있는 색상입니다. 너무 튀는 복장은 감점요인이 될 수 있다는 점도 명심해야 합니다.

② 머리모양

남성과 여성 모두 단정한 인상을 심어주는 것이 중요합니다. 머리모양은 이마가 1/3 이상 보이도록 하는 것이 좋습니다. 이마가 보이지 않으면 자칫 답답한 인상을 줄 수 있기 때문입니다.

머리는 면접을 일주일 정도 남겨둔 시점에서 정리하는 것이 가장 자연스러운 느낌을 줍니다. 여성의 긴 머리는 단정하게 묶어서 늘어지지 않게 위로 올리는 것이 좋습니다.

③ 메이크업

면접은 공식적인 첫 대면이기 때문에 어느 정도의 단장은 필요합니다. 남성의 경우에는 머리를 단정하게 자르고 가볍게 무스를 발라 정리하는 정도면 충분합니다.

여성의 경우에는 약간의 메이크업을 하는 게 예의바르게 보입니다. 지나치게 화려하거나 번잡해 보이는 메이크업과 액세서리는 피하는 것이 좋습니다.

④ 구두
- 남자 : 남성지원자는 정장과 어울리는 검정색이나 짙은 갈색 구두가 적당합니다. 굽이 너무 닳지는 않았는지 확인하고 캐주얼 구두는 피하는 게 좋습니다.
- 여자 : 여성지원자의 경우 정장에 어울리는 것으로 선택하면 됩니다. 구두를 항상 깨끗하게 유지하고 굽이 너무 높으면 불안한 인상을 심어줄 수 있기 때문에 삼가야 합니다.

면접 순서

① 대기실
- 빨리 면접장에 도착합니다.
- 자기차례가 올 때까지 마음과 차림새를 가다듬고 평온한 마음으로 대기합니다.

② 호명
- 이름을 부르면 또렷하게 대답하고 조용히 일어나 진행원이 안내하는 면접실로 가서 2~3번 노크합니다.
- 문을 조용히 열고 들어가 자신의 엉덩이를 절대로 면접위원에게 보이지 않은 채 문을 닫습니다.

③ 입실
- 입실해 조용히 문을 닫음과 동시에 가벼운 목례를 합니다.
  - 면접위원의 눈을 보고 가벼운 미소를 지을 것
    남자 : 손을 펴거나 쥐어 바지 재봉선에
    여자 : 오른손으로 왼손을 감싸서 아랫배에
- 면접위원이 "앉으세요." 하면 조용히 앉습니다. 인사는 모든 예의 근본이며 면접위

원에 대한 존경의 척도입니다. 인사를 할 때에는 가슴을 내밀듯이 해서 허리부터 굽혀야 하며 목만을 굽히는 인사는 절대 안 됩니다.

- 의자에 앉을 때 의자 끝에 걸터앉지 말고 깊숙이 들여 앉습니다. 남자는 무릎을 약간 벌리고, 여자는 붙입니다. 양손은 무릎 위에 가지런히 얹습니다.
- 가슴을 펴고, 눈은 정면 면접위원의 목을 향하며, 손은 안정된 위치에 단정히 합니다. 이때 두리번거리거나 책상 위의 서류를 자꾸 보려고 하지 않아야 합니다.

④ 질의응답(면접)

이력서나 자기소개서의 내용을 근거로 질문 시작(10~15분)

- 질문을 받으면 차분하고 또렷한 음성으로 겸손하면서도 자신감 있게 대답합니다. 암기해 답하는 것이나, '남의 것'을 그대로 빌려 말하는 투는 피합니다.
- 대답을 할 때는 질문한 면접위원의 눈을 똑바로 주시하며 대답을 마친 다음에는 다시 눈의 위치를 정면 면접위원의 목으로 둡니다.
- 질문이 끝난 후 2~3초의 여유를 둔 후 답합니다. 모르는 질문은 솔직하게 모른다고 답하며, 일단 대답한 내용에 있어서는 자신감을 가집니다. 대답을 잘못했다 하더라도 혀를 내밀거나, 머리를 긁거나, 고개를 숙이거나 위를 보면 안 됩니다. 면접을 볼 때는 되도록 짧고 명쾌하게 답변하는 것이 높은 점수를 얻는데 도움이 되며 너무 길게 대답하거나 질문하지 않은 것까지 복잡하게 대답하거나 쓸데없이 웃는 것은 감점요인입니다.
- 발랄하고 자신감 있는 태도를 유지하고 시종 침착하면서도 밝은 표정으로 예의를 지킵니다. 때로는 부담스러운 질문을 받더라도 패기만만한 자신감을 보입니다. 질문에 대해서는 우물우물 하지 않고 논리적인 대답을 합니다. 일단 질문에 대한 답이 다소 빈약하더라도 당당히 이야기합니다. 자신의 '하고 싶은 일'도 분명하게 말해야 합니다.
- 개인적인 의견을 내세우기 보다는 중립적인 태도가 좋습니다. 호탕하게 웃거나 과민 반응을 보이지 않도록 하고, 늘 상대를 배려하고 존중하는 듯한 말투를 연습해 두어야 합니다.

- 질문사항에 대한 과장이나 거짓은 금물입니다. 불필요한 사족을 달거나 수다를 떠는 것도 피해야 합니다. 늘어지는 설명보다는 먼저 결론을 말하고 나중에 부수적 설명을 덧붙이는 형태로 대화를 끌고 나가야 합니다. 모르는 것은 솔직히 모른다고 대답하는 자세가 중요합니다.

- 보이는 것만 보는 것이 면접입니다. 면접자가 긴장했는지, 어디가 아픈지, 불만이 있는지 등은 표정에 나타납니다. 나는 긴장한 표정인데, 남이 보기에는 불만이 있어 보이는 것으로 오해를 사지 않도록 주의하세요.

⑤ 퇴 실

- 질문이 끝나면 정중한 인사를 한 후 조용히 퇴실합니다.

- 자신의 엉덩이는 면접위원이 보지 않도록 합니다. 면접은 지원자가 문을 닫고 나가는 끝 순간까지 계속됩니다. 인사를 끝낸 후 문까지 걸어가서 나갈 때까지 예의바른 태도와 침착성을 유지합니다.

- 문을 닫은 후 밖에서 큰소리로 한숨을 쉬거나 불만을 토로하는 말을 하지 않아야 합니다.

실전 면접

① 면접에 임할 때 자세

면접도 공부가 필요합니다. 인성이나 경력 등의 기본적인 질문은 물론 지원한 회사의 필요한 자료들은 신문이나 인터넷 등을 통해서 반드시 숙지하고 있어야 합니다. 면접은 어디까지나 서로 간의 대화입니다. 대화를 통해 자신이 기업에 맞는 인물임을 인식시키는 것이 가장 중요합니다.

- 면접에서 질문에 대한 대답은 두괄식으로 하는 것이 좋습니다.

  면접 질문에 대한 본인의 생각을 우선 말하고 부연설명을 하는 식입니다. 자신 있는 말투로 대답하되, "~입니다, ~습니다."로 종결하는 것이 좋습니다.

• 모르는 질문에 당황하지 마세요.

잘 모르는 질문에는 당황하지 말고 "죄송합니다. 그것은 제가 모르겠습니다."라고 솔직하게 대답하고 다음 질문에 대한 생각만 합시다. 모르는 사실에 대해 어설픈 답변을 한다면 꼬리 무는 질문을 받을 수밖에 없습니다.

• 질문의 요지를 제대로 파악하지 못했을 때는 "다시 한 번 말씀해 주시겠습니까?"라고 정중히 요청하세요.

② 평가항목에 대한 공략법

• 본인이 지원한 분야를 생각하고 중요한 평가항목의 답변 사례를 준비해야 합니다.

• 적극적인 답변 태도로 표현합니다.

면접위원은 수험생이 적극적으로 질문에 응하려 하는 태도나 자신을 홍보하는 의욕을 보고 적극성을 평가합니다. 이야기 하는 방법이나 태도로 보는 인물특성으로는 표현력, 성실성, 신뢰성, 사교성, 이해력, 자제심 등이 있습니다.

• 답변자세로 나타낼 수 없는 평가항목은 에피소드로 보완합니다.

견실성, 연구심, 창조력, 의지력, 협조성, 적응성, 리더십 등은 개인면접의 답변자세로는 표현할 수 없는 것이므로 학창시절의 에피소드를 섞어 가급적 구체적으로 표현합니다. 단, 시간을 들여 설명하면 도중에 면접위원으로부터 잘리고 맙니다. 한 가지 에피소드에 대해 30초에서 1분 내로 답합니다.

③ 압박면접 대처 요령

• 질문이 무엇인가를 잘 생각한 후 냉정하게 답변해야 합니다.

예를 들어 면접위원의 "친구가 많은가?"라는 질문에 대해 "많은 편입니다."라고 하는 것은 좋은 답변이 아닙니다. 그러면 면접위원은 "어떤 친구들인가?"라고 재차 질문해야하기 때문입니다. 이에 대해 다시 '어느 아무개와 어느 아무개……' 라는 식으로 답변을 한다면 질문의 의도를 전혀 이해하지 못한 것으로 판단되어 이 대목에서 감점되기 쉽습니다. 이 질문은 '어떠한 친구가 있으며', '어떤 교재를 하고 있는가', '그 친구는 당신에게 있어서 어떤 존재인가'라는 것을 함께 물어보고 있는 것이며 그 부분을 잘 헤아려 답하지 못한다면 어린이 같은 문답이 되고 맙니다.

• 답변할 것이 궁할 때 절대 침묵하지 마십시오.

질문을 받은 후 조금 생각해야 할 시간이 필요한 때에는 아무 말 않은 채 있지 말고 "조금 생각할 시간을 주실 수 있겠습니까?"라는 양해를 구한 뒤 생각이 끝나면 곧바로 답변을 해야 합니다. 하지만 그 이상 시간을 들이지 않고서는 답할 수 없는 경우에는 "죄송합니다. 생각이 잘 정리가 되지 않습니다." 등과 같이 말하도록 하고 엉뚱한 답변을 한다거나 계속해서 생각하는 일이 없어야 합니다.

• 그 자리에서 즉답할 수 없는 질문이나 모르는 지식에 대해 질문 받았는데 엉터리로 말하는 사람은 탈락됩니다.

질문내용에 대해서 전혀 모르거나 그 자리에서 즉답할 수 없는 경우에는 시간을 끌지 말고 "유감스럽게도 잘 모르겠습니다." "죄송합니다. 잠시만 시간을 주실 수 있겠습니까?" 등으로 답변합니다. 이때에는 작은 목소리로 답하는 것이 아니라 또박또박 큰 목소리로 말하는 것이 중요합니다. 답변할 수 없다고 해 작은 목소리로 말하면 유아스러운 반응으로 여길 수 있습니다. 이것이 답변의 주요 포인트입니다.

④ 면접에서 하지 말아야 할 것

• 필요 이상의 것은 말하지 않아야 합니다.

자기 어필에 집착한 나머지 묻지도 않은 것을 말하기 시작하는 사람이 많습니다. 질문의 요지를 제대로 파악하지 못한 사람에게 일어나기 쉬운 일입니다. 평소부터 이야기가 도중에 다른 방향으로 흐른다고 지적받곤 하는 사람은 주의해야 합니다. 묻고 있는 질문의 요지를 파악하고 간략하게 요점을 말하는 연습을 해두어야 합니다.

• 실패 시 대응이 중요합니다.

질문에 잘 답변하지 못했을 때 혀를 내밀거나 머리를 흔들거나 웃어넘기려고 한다면 감점의 대상이 될 수 있습니다. 또 질문시마다 시선을 피하거나 천장이나 바닥을 보며 생각하는 버릇이 있는 사람은 상대방의 가슴 부분을 보면서 생각하고 눈을 보면서 답변하도록 주의를 기울여야 합니다.

- 무리해서 자신을 잘 보이고자 하면 실패합니다.

누구나 자신을 잘 보이려는 심리가 있습니다. 적극적으로 자기표현을 하는 것은 좋으나 무리를 하면 실패합니다. 자신의 좋은 면을 알리기 위해 적극적으로 알리는 것은 좋으나 실력 이상으로 자신을 꾸며서 보이려는 생각이 앞서면 실패하게 되는 것입니다. 허식은 금방 들통이 난다는 점을 명심하세요.

- 잘 알아듣지 못한 질문을 되묻는 것은 좋으나 몇 번이나 되묻지 마세요.

- 완벽한 경어를 사용하세요.

손윗사람이나 고객과 대화를 나눌 때 필요한 것이 경어입니다. 면접장에서도 당연히 이 점을 점검받게 됩니다. 익숙하지 않은 경어를 완벽하게 외워서 말하려 해도 무리가 생기므로 평상시부터 용례를 메모해두고 연습하는 것이 중요합니다.

- 유행어나 학생들끼리 통하는 용어를 쓰지 마세요.

유행어 등을 써서는 안 된다고 머릿속으로 생각을 하고 있으면서도 자신도 모르게 사용하는 경우가 있으므로 평소 습관을 들이는 것이 좋습니다.

- '저어…', '음…' 등과 같은 말을 사용하면 안 됩니다.

이야기와 이야기를 연결할 때에 이와 같은 말들을 습관적으로 사용하는 사람은 화법을 다시 한 번 점검할 필요가 있습니다. 질문을 받은 후 생각을 해야 할 때에는 "그렇습니다." 등의 말로 이은 후 한 번 호흡을 가다듬은 다음 말하면 좋습니다. 또 접속어를 올바르게 사용하는 것이 중요합니다.

- 답변 중 스스로 말하고 고개를 끄덕이는 버릇은 상대방에게 불쾌함을 줍니다.

- 면접 시 무의식적인 버릇은 평가에 부정적 영향을 미칩니다.

끝말을 흐리는 경우, 면접위원의 시선을 피하는 경우, 말을 더듬는 경우 등 답변의 내용과 질을 떠나 이러한 경우는 면접위원들에게 부정적으로 평가될 수 있습니다. 이 밖에도 한숨 내쉬기, 다리떨기, 손 만지작거리기 등 평소 자신의 버릇이라도 면접 시에는 조심해야 합니다.

또한 불필요한 추임새나 '~인 것 같다'는 식의 불명확한 표현은 면접 준비가 부족해 보이거나 차분하지 못한 인상을 주므로 평소 말하는 습관도 고쳐서 면접에 임하도록 합니다.

면접위원이 원하는 지원자

① 분위기, 태도가 분명한 지원자

일반적으로 기업에서는 호감을 가질 수 있는 분위기를 가진 사람을, 다소 다른 결점이 있더라도 채용하고 싶다는 생각을 하게 됩니다. 그러나 공직자는 복장을 포함해 침착한 태도, 분명한 처신, 알아듣기 쉬운 화법, 자신감 있는 답변 등을 종합해 평가합니다.

② 적극성이 있는 지원자

다른 사람들이 싫어하는 일도 자발적으로 하려는 정신은 기업이나 공직자에게 중요합니다. 또 새로운 시스템에 대처하는 진취적인 태도, 신규업무에 임하는 도전정신, 다른 이로부터 지적받기 전에 스스로 과제를 찾아내 대응하는 자발성 등도 적극성의 하나로 높이 평가됩니다.

③ 능력보다 의욕이 있는 지원자

뛰어난 능력이 있는 것보다 더 좋은 것은 없겠지만 능력이 있어도 그것을 의욕적으로 발휘하지 않는 인물은 조직에 있어서는 능력이 없는 사람이나 마찬가지입니다. 뛰어난 능력이 없더라도 오히려 의욕적으로 일하려는 인재를 조직은 원하고 있습니다. 특수한 업무를 제외하면 조직의 실무는 높은 학력이나 지식을 필요로 하지 않습니다. 조직은 의욕적인 인물이나 기꺼이 일에 임하는 인물을 중시하고 그러한 사람을 적극적으로 채용하려고 합니다.

④ 협조성이 있는 지원자

혼자 힘으로 해결할 수 있는 업무는 별로 없습니다. 팀워크가 아니더라도 일의 대부분은 다른 사람과 협력을 해야 잘 됩니다. 상사와 협조해 일을 하는 것뿐만 아니라 관계부서나 동료와 좋은 관계를 만들어 나가는 협조성은 직장인으로서 갖추어야 할 중요한 능력이라 할 수 있습니다.

⑤ 신뢰성이 있는 지원자

상사가 일일이 부하의 일을 관리·감독하는 것은 아닙니다. 맡겨진 일을 달성하려는 책임감, 성의 있게 제대로 일을 추진하려는 성실성, 기일까지 일을 완료하려는 계획성, 이는 신뢰성과 깊이 관련된 능력의 하나로 평가됩니다.

⑥ 창조성이 있는 지원자

기술직이나 또는 특정분야를 연구하는 직렬에만 창조성을 연상합니다. 하지만 꼭 그렇다고 볼 수는 없습니다. 업무 효율성과 관련한 연구나 아이디어를 살리려는 자세는 기업이나 공직에서 요구되는 능력입니다.

⑦ 표현력이 풍부한 지원자

자신이 생각하고 있는 것을 상대방에게 알기 쉽게 표현하는 것은 일을 수행하는 데 있어서 빼놓을 수 없는 능력입니다. 요령 있고 간결하게 일관된 화법으로 명확하게 자신의 의지를 전달하는 능력이 필요합니다.

⑧ 조직에 적응하는 지원자

모든 기업은 하나의 조직으로 움직입니다. 당연히 그 조직을 이끌어가는 리더의 존재는 불가피합니다. 동기생 가운데에는 조직의 톱이 될 팀장 후보도 있을 것이며, 업무 부분의 톱이 될 후보도 있을 것입니다.

그러나 동기 전원이 리더가 될 수 없으며 또 그렇게 되면 조직은 성립하지 않습니다. 리더를 보좌하는 자리에서 활약할 사람, 전문직에서 실력을 발휘할 사람, 사람들이 다양하게 모아져야 조직은 성립하며 활성화되는 것입니다.

조직의 리더는 충분한 기획력이나 전문지식이 필요한데, 그것은 하루아침에 얻어지는 것이 아니라 조직 안팎 사람들과의 접촉이나 다양한 활동을 통해서 배양되는 것입니다. 학생시절에 리더십을 발휘했다고 해서 지나치게 강조하면 불손하고 오만한 사람으로 오해받을 수도 있습니다. 또 리더십이 없으면서 있는 것처럼 말하는 것도 역효과가 날 뿐입니다.

예전에 리더 경험이 없더라도 조직 속에서 갈고 닦여지는 사이에 자연스럽게 그 자질이 생겨나는 인물이야말로 조직이 가장 원하는 인물입니다.

⑨ 강력한 지원동기가 있는 지원자

일에 대한 의욕을 측정하는 척도로서 조직은 지원동기를 중시합니다. 지원동기가 강력하다면 일에 대한 강한 의욕을 느낄 수 있을 것입니다. 또 역으로 그 조직에 대해 잘 알아보고 그 조직에 이끌려 일을 하고 싶다는 열의를 느끼지 않았다면, 면접위원을 납득시킬 만한 지원동기를 말할 수 없을 것입니다. 강력한 지원동기나 지원의지가 있음을 면접위원에게 전달할 수 있다면, 반은 합격한 것이나 다름없습니다.

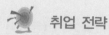

취업 전략

SNS를 잘하세요

회사 측은 블로그나 페이스북 등 SNS를 통해 지원자의 열정이나 전문성을 파악할 수 있습니다. 지원하려는 기업 페이지를 구독한다면 더할 나위 없이 좋고, 채용공고 역시 실시간으로 업로드 되기 때문에 편리합니다. 평소 흥미 있거나 관심분야를 설정해두면 그와 관련된 정보를 받아볼 수 있어 일일이 정보를 얻기 위해 노력할 필요가 없습니다.

유통이나 패션, 뷰티, 식품 등 SNS 활용과 관련 있는 기업을 지원하려는 사람은 SNS를 하면 많은 도움이 될 것입니다. 오히려 그 분야 전문가로 인정받을 수 있습니다. 그러나 돌출 주장을 SNS에 남겨놓으면 자신에게 오히려 역효과가 될 수 있기 때문에 주의해야 합니다. SNS를 취업네트워크를 활성화하는데 사용하세요.

SNS는 자신의 실무지식과 업무경험, 성과물 등을 직접적으로 올릴 수 있으며 형식의 제약 없이 자유롭게 자신을 표현할 수 있는 장점이 있습니다. 별도의 비용이나 전문적인 기술이 없이도 이용이 가능하기 때문에 편리합니다.

물론 취준생 입장에서는 공부할 시간도 부족한데 어떻게 SNS를 하겠느냐고 반문할 수 있습니다. 공부할 시간까지 SNS를 하라는 말이 아니라, 관련 공부나 업무와 관련된 자료수집용으로 SNS를 활용해도 좋다는 의미입니다.

2강. 면접시험의 변화

구조화 면접 도입

지원자들의 역량을 다방면으로 파악하기 위해 기업들은 다양한 면접방법을 도입중입니다. 면접을 준비하면서 다양한 상황을 예상하고 미리 연습하는 노력이 필요합니다.

면접에서도 많은 변화가 있습니다. 기존 면접에서는 질문내용이 단편적이고 직무 수행과 무관한 내용 위주였습니다. 외모도 영향을 미쳤습니다. 면접 진행 및 평가절차에 대한 일정한 체계 없이 주관적인 판단에 따라 채용이 이루어지는 '주먹구구식' 평가가 많았습니다.

전통 면접은 다음과 같은 특징이 있습니다.

- 일상적이고 단편적인 대화
- 인상, 외모 등 다른 외부 요소의 영향
- 주관적인 판단에 의존한 총점 부여
- 면접 내용의 일관성 결여
- 직무 관련 타당성 부족
- 주관적인 채점으로 신뢰도 저하
- 표준화된 질문·절차·판단기준이 없어 면접위원·편성조에 따라 당락에 영향
- 상황대처나 언변이 뛰어난 지원자가 유리

블라인드 채용에서는 직무 관련 역량에 초점을 둔 구조화 면접을 실시하는 것이 특징입니다. 구체적인 질문 목록을 만들어 취업준비생들에게 질문하는 방식이죠. 평가 척도에

따라 항목별 채점, 개인 간 비교 등 표준화되고 구조화된 면접 매뉴얼에 따라 평가합니다.

블라인드 면접은 지원 직무를 얼마나 많이 알고 있나를 평가합니다. 주관적인 판단에 의존했던 전통적 면접 방식과 다른 구조화 면접을 도입했습니다. 구조화 면접은 질문의 내용과 방법, 답변 유형에 따른 후속 질문의 시나리오를 준비한 후 지원자의 답변을 평가 기준에 맞추어 점수를 매기는 면접 방식입니다. 필기 평가와 동일하게 직업기초능력 평가와 직무수행능력 평가로 구성되어 있습니다.

블라인드 면접의 질문 유형은 크게 4가지로 나뉩니다. 직무능력과 관련된 경험(경험면접), 업무수행 과정에서 발생 가능한 상황에 대한 대처 방법(상황면접), 특정 직무관련 주제에 대한 생각과 의견(PT면접), 토의과제에 대한 의견수렴(토론면접) 등 입니다. 그러나 주로 경험면접과 상황면접을 많이 실시합니다. PT면접과 토론면접은 실시하지 않을 수도 있습니다.

구조화 면접은 사전에 정한 시나리오에 따른 질문과 지원자의 답변 유형에 따른 후속 질문 등으로 지원자의 인성과 잠재 역량, 돌발행동 등을 알려고 합니다.

사전에 공지된 직무기술서를 통해 면접 질문을 예상해볼 수도 있습니다. 기업의 직무 특성에 따라 요구하는 직무능력이 다르기 때문에 문제유형을 미리 파악하는 것이 좋습니다.

NCS 기반 필기 전형과 같이 면접 전형도 지원자의 직업기초능력과 직무수행능력을 평가합니다. 직업기초능력은 직업을 수행할 때 필요한 기초 소양을 물어보는 것입니다. NCS 사이트에 구체적인 10개 소양이 공개돼 있습니다. 회사는 채용 공고문을 낼 때 10개 중에 무엇이 필요한지를 명시하기 때문에 이를 잘 숙지하고 준비해야 할 것입니다.

직업기초능력 관련 질문은 보통 과거 경험을 구체적으로 묻는 '경험 면접' 형식으로 많이 진행됩니다. 자기소개서에 적은 경험과 관련한 세부 사항을 숙지하고 가야 좋은 평가를 받을 수 있습니다.

직무수행능력평가는 전문적인 지식을 묻는 면접으로 상황을 제시하고 해결책을 요구하는 상황 면접 형태입니다. 실무에서 직면할 문제들에 대해 더 전문적인 지식을 묻는 방식입니다. 지원하는 기업과 관련한 정보를 파악한 뒤 해결책을 미리 생각해두는 것이 좋습니다.

구조화 면접의 특징

구조화 면접은 사전에 계획을 세워 질문의 내용과 방법, 지원자의 답변 유형에 따른 추가 질문과 그에 대한 평가 역량이 표준화되어 있는 면접 방식, 즉 표준화 면접이라고 합니다. 면접위원·편성조에 영향을 받지 않고 동일한 질문과 시간을 부여합니다. 표준화 때문에 신뢰성, 타당성, 객관성이 높다고 할 수 있습니다.

구조화 면접은 다음과 같은 4가지 특징이 있습니다.

① 일관성
- 직무관련 역량에 초점을 둔 구체적인 질문 목록
- 지원자 별 동일 질문 적용

② 구조화
- 면접 진행 및 평가 절차를 일정한 체계에 의해 구성
- 절차의 구조화, 질문의 구조화, 판단기준의 구조화

③ 표준화
- 평가 타당도 제고를 위한 평가 Matrix 구성
- 척도에 따라 항목별 채점, 개인 간 비교

④ 신뢰성
- 면접 진행 매뉴얼에 따라 면접위원 교육 및 실습
- 면접위원 간 신뢰도 확보

구조화 면접의 사례

기존 면접과 차이가 있는 구조화 면접의 사례입니다.

〈기존 면접〉

면접위원 : 다른 사람들을 이끄는 지도력이 있다고 생각하십니까?

취 준 생 : 네, 저는 리더십이 있다고 생각합니다.

면접위원 : 구체적으로 리더십을 발휘한 경험을 말해보세요.

취 준 생 : 저는 대학 동아리 회장을 맡은 적이 있습니다. 당시 새로운 회칙을 만들고 대회에서 우승도 했습니다.

〈구조화 면접〉

면접위원 : 리더십을 발휘한 경험에 대해 구체적인 사례를 들어 설명하시오.

취 준 생 : 저는 대학 동아리 회장을 맡으면서 새로운 회칙도 만들고 대회에서 우승도 했습니다.

면접위원 : 회칙을 만들 때 제일 주안점을 두었던 내용은 무엇이고, 대회에 우승하기 위해 어떤 행동을 했나요?

취 준 생 : 회칙을 만들 때 가장 중요하게 생각한 것은 회원 간의 단합을 우선으로 한 것이고, 우승했을 때 저는 ~~~ 역할을 맡았습니다.

기존 면접에서는 간단하게 대답해도 리더십이 있다고 판단한 반면, 구조화 면접에서는 당시의 상황과 과제, 행동, 결과에 대해 자세히 묻는 것이 다릅니다. 행동을 통해 지원자의 역량을 파악하겠다는 것입니다. 훨씬 질문이 정교해졌습니다.

구조화 면접은 질문 방식부터 다릅니다. 보통 STAR 방식으로 질문합니다. 그렇기 때문에 오히려 질문을 미리 예측할 수 있습니다. 그 행동을 통해 어떤 교훈을 얻었나를 잘 말한다면, 좋은 답변입니다.

〈 STAR 기법의 면접 질문 예시〉

상황	주요질문	조직의 원칙과 절차를 준수해 성과를 향상시킨 경험에 대해 구체적으로 말씀해 주십시오.
	세부질문	• 언제, 어디서, 어떤 상황이었습니까? • 조직의 원칙이나 규칙은 무엇입니까? • 그 조직의 특성은 무엇입니까?
임무	주요질문	대회에서 우승한 경험이 있다면 구체적인 사례를 들어 설명하시오.
	세부질문	• 과제의 목표는 무엇이었습니까? • 조직에서 맡은 역할은 무엇입니까? • 우승하기 전까지 힘들었을 때 어떤 역할을 했습니까?
행동	주요질문	회사 윤리규정과 맞지 않는 일을 동료가 했을 때 어떻게 행동했습니까?
	세부질문	• 윤리규정에 대해 동료에게 말한 적 있나요? • 말을 했다면 동료의 반응은 어땠나요? • 동료가 윤리규정을 어기고 계속 사익을 추구했을 때 어떤 조치를 취했습니까?
결과	주요질문	지원 직무와 관련해 이룬 성과가 있다면 사례를 들어 설명하시오.
	세부질문	• 업무의 성과는 어느 정도였습니까? • 성과에 만족하셨습니까? • 업무수행과정에서 중요한 점은 무엇입니까? • 이 경험을 통한 교훈은 무엇이라고 생각하십니까?

이를 더 구체적으로 질문한다면, 다음과 같은 형식이 되겠죠.

〈 STAR 기법의 상세 면접 질문 예시〉

S (상황)	상황	언제, 어디서 경험한 일입니까?
		어떤 상황이었나요?
	조직	어떤 조직에 속해 있을 때 일입니까?
		조직의 특성은 어떠했습니까?
		몇 명으로 구성된 조직이었나요?
	기간	그 조직에 얼마나 일하셨습니까?
		해당 업무는 얼마동안 했습니까?
	규칙	조직의 원칙이나 규칙은 무엇이었습니까?

T (과제)	과제	목표는 무엇이었습니까?
		과제에 적용되는 조직의 원칙은 무엇이었습니까?
		규칙을 지켜야 하는 이유는 무엇이었나요?
	역할	조직에서 맡은 역할은 무엇이었습니까?
		과제에서 맡은 역할은 무엇입니까?
	문제의식	일을 추진하면서 문제점, 불편함은 무엇이었나요?
		조직의 규칙은 왜 중요하다고 생각했습니까?
		규칙 때문에 불편함은 없었나요?
		팀원들은 어떻게 생각했나요?
		해당 규칙이 어떤 영향을 주었습니까?

A (행동)	행동	업무 과정의 어떤 부분에서 규칙을 지키셨습니까?
		규정을 적용시켜 업무를 수행하셨습니까?
		규정을 준수하는 데 어려움은 없었나요?
	노력	규칙을 지키기 위해 어떤 노력을 기울였습니까?
		생각이나 태도의 변화가 있었습니까?
		다른 사람들은 어떤 노력을 했나요?
	동료관계	동료들은 규칙을 철저히 지켰습니까?
		해당 규칙에 대한 팀원들의 반응은 어떠했나요?
		규칙에 대한 태도를 개선하기 위해 어떤 노력을 기울였나요?
		팀원들에게 어떤 자극을 주었나요?
	업무추진	업무를 추진하는 데 규칙이 방해가 되지 않았습니까?
		규칙을 준수한 이유는 무엇이죠?
		업무수행 과정에서 규정을 어떻게 적용하셨습니까?
		규정을 준수해야 한다고 생각한 이유는 무엇이죠?

R (결과)	평가	규칙을 어느 정도 준수했습니까?
		준수한 이유는 합당하나요?
		업무의 성과는 어떻습니까?
		성과에 만족하나요?
		비슷한 상황이 온다면 어떻게 하시겠습니까?
	외부평가	주변 사람들로부터 어떤 평가를 받았습니까?
		그런 평가에 만족하십니까?
		행동이 다른 사람에게 영향을 주었다고 생각하나요?
	교훈	업무수행 과정에서 중요한 점은 무엇이라고 생각하나요?
		이 경험을 통한 교훈은 무엇입니까?

블라인드 면접이란?

공공기관 및 일부 대기업의 면접시험은 무자료(블라인드) 방식으로 면접위원에게 응시자의 성적, 인적사항 등을 제공하지 않으며 필기시험 성적과 별도로 평가합니다. 이러한 블라인드 면접은 공공기관에서 처음 시작했나? 그것은 아닙니다. 공무원 면접에서도 공정성과 객관성 확보를 위해 무자료면접이 시행된 지 제법 됐습니다. 일부 대기업에서도 블라인드 면접을 시행해 왔습니다. 블라인드 면접에서는 면접자의 태도, 인상, 경험 등을 질문하는 경우가 많고 답변내용을 물고 늘어지는 압박면접 방식을 많이 사용하기 때문에 이에 대한 준비가 필요합니다.

이러한 면접형태는 향후 계속될 것으로 보이며, 필기시험에 통과하더라도 면접에서 탈락하는 사례가 빈번할 것으로 예상됩니다. 이는 최종합격자 대비 면접인원의 비율과도 밀접한 관련이 있는데, 취준생들은 면접에서 많이 떨어질 수 있기 때문에 준비를 철저히 해야 합니다.

공공기관 뿐 아니라 공무원 시험에서도 면접비중이 커지고 있다는 것은 이제 주지의 사실이 되었습니다. 기업에서는 갈수록 면접을 강화하겠다는 방침을 세우고 있습니다. 당연히 면접시간도 많이 배정해 심층적 압박면접을 하고 있습니다. 급변한 면접시험 환경에서 합격의 기쁨을 만끽하는 방법은 혼자 면접교재나 읽고 준비하던 소극적 면접 준비 행태를 버리고, 전문가의 도움과 스터디 조를 편성하고 준비하는 적극적인 자세가 필요합니다.

면접은 운(運)이 많이 작용할까요? 물론 운이 좋아야 합격할 가능성이 높다고 할 수 있겠죠. 그러나 면접은 절대적으로 운이 아닙니다. 특히 블라인드 면접은 정량적이고 명확한 기준으로 평가하기 때문에 운에 의해 크게 좌우되지 않습니다.

'NCS기반 채용 직무 설명자료'를 통해 해당 기업이 어떤 직무역량을 원하는 지 파악하고, 자신의 능력 중 어떤 부분이 기업과 맞는지 확인할 수 있습니다. 취준생들은 학교생활과 대외활동을 통해 지원 기업에서 요구하는 직무역량에 부합함을 면접위원들에게 잘 어필해야 합니다.

각 기업은 기업인재상에 기반한 핵심역량을 정한 후 그것을 과거의 행동방식을 통해 검증하기 위해 경험면접과 상황면접을 실시합니다. 미래의 행동이나 성과를 가장 정확하게 예측 가능한 지표는 비슷한 상황에서의 과거행동입니다.

면접시간은 지원자의 기초능력과 잠재력을 명확하게 파악하기 위해서 1인당 10~20분 정도의 시간이 주어질 수 있습니다. 물론 채용기업 별 상황에 따라 다르게 설정될 수 있습니다.

면접 질문은 전공 관련 지식이나 어떠한 상황이 주어졌을 때 그 상황을 어떻게 풀어나갈 것인지에 대한 해결방안들을 제시하는 질문들이 많이 나옵니다.

주요 공공기관 면접의 주요 질문내용은 직무 관련, 현장 중심으로 이루어졌습니다.

국립공원관리공단 면접 질문 내용입니다.
- 탐방객이 부상하면 어떻게 구조할 것인가.
- 산불 발생 시 초동대책은 어떻게 할 것인가.
- 입사 후 할 일에 대한 전략과 방향성 제시
- 국립공원 안 유기견의 문제점 및 대처방안

근로복지공단은 고객응대 실제 사례 경험을 요구했고, 교통안전공단은 CITS(자율주행자동차)라는 주제로 토론면접(10분 준비)을 실시했습니다. 주택도시보증공사는 △ 주택의 저금리 투자를 어떻게 해결할 것인가? △ 방산비리가 발생했는데 어떻게 해결할 것인가? 이 같은 문제가 출제 됐습니다.

블라인드 면접은 직업기초능력과 직무수행능력평가 등 2개 영역으로 나누어 진행합니다. 직업기초능력 면접은 신입사원이 가져야 할 기초 능력을 평가하는 것이고, 직무수행능력 면접은 자기소개서를 기반으로 회사 직무수행능력 여부를 중점적으로 평가하는 방식입니다. 채용 공고문에 필요한 직업기초능력이 무엇인지 명시하기 때문에 이를 잘 숙지하고 준비해야 합니다.

직업기초능력 면접평가는 직업인이 공통적으로 갖추어야 할 10개 영역의 기초능력을 평가하기 위한 면접질문으로 구성됩니다. 제한된 시간 속에서 지원자들의 능력을 객관적,

합리적으로 평가하기 위해 다양한 면접평가 방법을 구조화해 활용하며, 각 기업의 특성, 현황, 핵심역량 등을 접목해 출제됩니다.

직무수행능력 면접평가는 실제 직무수행과 관련한 지식·기술·태도를 객관적으로 평가할 수 있는 문항들로 구성됩니다. 기업의 특수성을 충분히 반영하면서 동시에 NCS를 기반으로 하기 때문에 평가의 객관성 및 신뢰성을 확보합니다. 직무수행 중에 발생할 수 있는 상황을 기반으로 출제됩니다.

 취업 전략

면접은 어떻게 준비해야 하나요?

우선 그 기업을 잘 아는 것이 중요합니다. 기업을 잘 안다는 것은 관심이 있다는 것이고, 기업 또한 자신의 회사에 관심이 많은 사람을 뽑는 것은 당연한 일입니다. 직무에 대한 기본적인 정보탐색도 없이 그저 막연하게 취업을 준비하면 성공하기 쉽지 않습니다.

면접은 필기시험 합격 후에 준비해도 늦지 않습니다. 다만, 이에 앞서 최종 면접까지 간다는 생각을 가지고 자기소개서 작성은 잘 해야겠죠. 왜냐하면 자기소개서가 곧 면접 질문지나 다름없기 때문입니다.

면접 전 반드시 자기소개서를 꼭 다시 한 번 보세요. 자소서를 보면서 자신의 경험을 다시 회상해보세요. 면접은 스터디를 만들어 준비하면 됩니다. 같은 전공 분야 사람들과 스터디를 하게 되면 일단 아는 분야에 대해 질문이 들어오기 때문에 답변이 쉬울 수 있습니다. 여력이 된다면 다른 분야의 사람들과 스터디를 더 꾸려 준비하는 것도 요령입니다.

3강. 경험 면접

경험 면접은 다양한 상황에서 지원자의 과거 행위를 평가하는 질문을 합니다. 과거 경험에 대한 질문을 통해 미래의 지원자를 예측하려는 것이죠. 지원자가 실제로 어떤 과거 경험을 가지고 있는지 확인해 경험의 수준에 따라 점수를 부여하는 방식입니다. 자신의 과거 경험에 대해 세부적인 정보까지 대답할 수 있어야 합니다. 허위로 자기소개서 등에 작성한 내용을 면접에서 가려내겠다는 취지죠.

사전에 자기개발능력에 관해 자신이 어떤 경험을 했는지 생각해 보는 것이 좋습니다. 그 경험 가운데 다른 지원자보다 상대적으로 우수하다고 생각되는 경험을 선택하고, 세부 내용을 다듬어 답변을 준비해야 합니다. 자신의 과거 경험의 사례를 검토하고 최상의 내용을 구체화해야 합니다.

평가요소는 직업기초능력과 인성 및 태도를 봅니다.

예를 들어 주요 질문에 "어떤 일 또는 과제를 하면서 일의 프로세서나 방법을 개선했던 경험이 있다면 사례를 들어 설명해주시오."라고 한 뒤 지원자의 답변을 듣습니다. 이어 후속질문으로 "당시 그 일을 더 잘하기 위해 어떤 노력을 했습니까? 그렇게 행동한 이유는 무엇입니까?"라고 묻는 식입니다.

경험면접에 대비하기 위해선 지원서 작성 때 자기소개서를 꼼꼼히 쓴 뒤 어떤 질문이 나올지 예상해 보는 것도 좋습니다. 경험면접은 상황, 과제, 행동, 결과 등을 구조화해 답변하는 것이 중요합니다. 자신의 대표적인 경험을 3~4가지 정리해 기업 특성 및 직무 특성에 맞게 각색할 필요가 있습니다. 육하원칙의 틀 안에서 경험을 통해 느낀 것과 배운 점, 본인의 장단점 등에 대한 답변을 마련해 놓으면 됩니다. 그래야 어떤 질문에도 구체적인 내용이 담긴 대답을 할 수 있습니다.

경험 면접을 잘 하기 위해서는 1차적으로 자기소개서를 성심성의껏 작성하는 것이 가장 중요하다는 것을 이해하시겠죠. 자기소개서 내용이 곧 면접 질문이라고 생각하셔도 됩니다.

자소서에 적은 경험과 관련한 세부 사항을 속속들이 숙지하고 면접에 임해야 좋은 평가를 받을 수 있습니다. 구체적인 수치를 적어 면접위원들에게 신뢰를 주는 방법도 좋습니다.

경험면접은 기본적으로 직업기초능력에 대한 질문을 많이 합니다. 직업기초능력을 측정하는 질문이 많기 때문에 자기소개서 문항으로 적은 내용을 충분히 숙지하고 면접에 임하는 것이 좋습니다. 경험면접은 해당 역량에 대해 간략하게 문항을 제시하고, 이후 면접위원이 S-T-A-R(상황-과제-행동-결과)에 대한 추가질문을 실시하는 형식입니다.

다음은 직업기초능력을 평가하기 위한 면접 질문 유형입니다.

〈 자기개발능력 〉

주요질문	지원한 직무분야를 통해 이루고자 하는 목표나 방향에 대해 이야기하고, 이를 위해 어떤 준비와 노력을 해왔는지 구체적인 사례를 들어 말해보세요.

▼

세부질문	1. 지원한 직무에 관심을 가진 계기는 무엇입니까? 2. 지원한 직무를 위해 어떤 노력과 준비를 했습니까? 3. 노력의 과정에서 본인의 부족한 점은 무엇이고, 어떻게 해결하려 했습니까? 성취한 결과에 대해 말해보세요. 4. 이를 통해 배운 교훈은 무엇입니까?

▼

문제의도	• 지원 직무에 대한 관심 정도와 적합도 확인을 과거의 경험행동을 통해 확인 • 지원 직무 목표에 대한 구체성 확인 • 지원 직무에 대한 준비 정도를 확인

▼

평가	좋은 평가를 받을 수 있는 요인 • 다른 지원자와 차별화된 행동과 경험이 있는가? • 지원 직무에 대한 적극적인 노력이 있는가? • 지원 직무에 대한 실천적인 경험이 있는가?

〈 대인관계능력 〉

주요질문	최근 3년 이내에 친구들과 팀을 이루어 과제를 수행한 경험이 있습니까? 그 과정에서 무엇을 느꼈습니까?

세부질문	1. 언제, 어디서, 누구와 그 과제를 수행했습니까? 2. 성공적으로 수행한 근거는 무엇입니까? 3. 구체적으로 맡은 과업이나 역할은 무엇이었습니까? 4. 주도적으로 기여한 부분은 무엇입니까? 5. 그 과정에서 어려운 점을 말해주세요. 6. 그 경험을 통해 배운 교훈은 무엇입니까?

문제의도	• 지원 직무에 대한 관심 정도와 적합도 확인을 과거의 경험행동을 통해 확인 • 지원 직무 목표에 대한 구체성 확인 • 지원 직무에 대한 준비 정도를 확인

평가	좋은 평가를 받을 수 있는 요인 • 다른 지원자와 차별화된 행동과 경험이 있는가? • 지원 직무에 대한 적극적인 노력이 있는가? • 지원 직무에 대한 실천적인 경험이 있는가?

〈 자원관리능력 〉

주요질문	과제를 수행했을 때 효율적으로 처리했던 경험에 대해 말씀해주세요.

세부질문	1. (상황) 당시 상황에 대해 설명해주세요. 2. (역할) 당시 무슨 역할을 맡았습니까? 3. (행동) 구성원들의 설득을 위해 어떤 노력을 기울였습니까? 4. (결과) 결과와 교훈은 무엇입니까?

문제의도	• 인적자원을 효율적으로 활용할 수 있는 역량이 있는가를 파악 • 조직 내 유 · 무형 자산 및 자원 관리 능력 확인 • 효과적인 인적 · 물적 자원 관리 능력 확인

평가	좋은 평가를 받을 수 있는 요인 • 다른 지원자와 차별화된 행동과 경험이 있는가? • 지원 직무에 대한 적극적인 노력이 있는가? • 지원 직무에 대한 실천적인 경험이 있는가?

경험면접 질문 및 평가지

경영관리직무

지원분야		지원자		면접관	(인)

계획력
· 일의 절차, 방법, 규모, 일정을 어떻게 추진해나갈지를 구체적으로 계획한다.

주질문	세부질문
A. 어떤 일을 진행하며 한정된 자원을 효과적으로 잘 활용했던 경험에 대해 이야기해주시기 바랍니다.	**[상황 및 과제]** 사례와 관련해 당시 상황에 대해 이야기해주시기 바랍니다. 언제 있었던 일이며, 관련된 인물은 누구입니까? **[역할]** 당시 본인이 맡았던 역할은 무엇이었습니까?
B. 리더로서 구성원들에게 역할을 잘 배분함으로써 맡은 일을 잘 수행한 사례가 있다면 이야기 해주시기 바랍니다.	**[행동]** 한정된 자원의 효과적 활용을 위해(B : 구성원들에게 적절하게 역할을 배분하기 위해, C : 구성원들에게 효과적으로 일의 진행방향에 대해 설명하기 위해) 어떤 노력을 하였습니까? 맡은 일을 잘 수행하기 위해(A : 제한된 자원 또는 인력으로 맡은 일을 성공적으로 수행하기 위해 어떤 노력을 기울였습니까?)
C. 어떤 일을 진행하기에 앞서 구성원들에게 이를 설명하고 방향을 제시했던 경험이 있으면 이야기해주시기 바랍니다.	**[결과]** 그래서 결과는 어땠습니까?

주질문	주질문
· 활용 가능한 인적/물적 자원을 탐색하고, 이를 확보할 수 있는 방안을 수립한다.	① ② ③ ④ ⑤
· 목표달성을 위한 세부과제들의 우선순위에 따라 구체적인 일정 계획을 수립한다.	① ② ③ ④ ⑤
· 사전에 장애요소를 파악하고, 이에 대한 대응 전략을 마련한다.	① ② ③ ④ ⑤

* 척도해설

① 매우 미흡한 수준	② 미흡한 수준	③ 보통 수준	④ 우수한 수준	⑤ 매우 우수한 수준
기대행동이 전혀 관찰되지 않음	기대행동이 거의 관찰되지 않음	기대행동이 약간 관찰됨	기대행동이 상당히 관찰됨	기대행동이 완벽하게 관찰됨

관찰기록:

총평:

[경험면접 진행시 주의할 점]

✔ 면접 시행 전, 지원분야, 지원자명, 면접관명을 기입한다.

✔ 면접관이 주질문을 지원자에게 읽어주거나, 면접 전 지면으로 주질문을 제시하여 답변을 준비하도록 하여 지원자가 답변할 수 있도록 한다. 주질문은 해당 역량이 드러날 수 있도록 구체적인 경험을 이끌어 내기 위해 선행되는 일반적인 질문으로 세 개의 질문 중 한 개의 질문을 선택하여 질문하며, 지원자 답변 내용에 따라 다른 주질문으로 변경 또는 추가할 수 있다.

✔ 지원자의 답변에 맞게 역량 정의와 기대행동을 고려한 세부질문을 진행한다. 기대행동은 평가의 기준이며, 세부질문은 해당 역량을 평가하기 위한 구체적인 지원자의 경험을 듣기 위한 질문이다.

✔ 질문을 하면서 지원자의 답변 내용 중 평가요소와 관련해 가점 및 감점요소를 관찰하고 기록한다.

✔ 지원자가 퇴실한 후, 기록을 토대로 최종 점수를 기입한다.

4강. 상황 면접

상황 면접은 특정 상황을 제시하고, 지원자의 행동을 관찰하고 평가함으로써 실제 상황의 행동을 예상하는 방식입니다. 면접자가 해당 직무에서 발생할 수 있는 중대한 사건에 대해 지원자가 어떻게 행동할 것인가에 대한 반응을 보는 것입니다. 지원자는 이러한 구조화 면접을 이해하고 지원 기업의 인재상과 자신이 지원한 직군이 요구하는 직무역량에 따른 답변을 준비해야 합니다.

"당신은 배관 공사를 담당하고 있는 책임자입니다. 야간 공사 중 기능공의 실수로 소화수가 누출되는 사고가 발생했으며, 인근 시설물에 누수로 인한 피해가 발생하고 있는데 책임자로서 이 사고를 긴급하게 처리하는 프로세스를 간단히 설명해 보시오."

기존의 프리젠테이션 면접과 유사하지만 직무중심의 질문이 추가된 형태입니다. 상황면접에 잘 대비하려면 지원 직무에 대한 지식을 쌓고 관련 정보를 모으는 것이 중요합니다.

상황 면접 과제의 구성은 크게 2가지로 구분할 수 있으며, 상황 제시와 문제 제시로 구분됩니다.

상황	배경 정보	당신은 서울교통공사 안전점검 담당 팀장입니다. 지하철 사전 안전점검은 물론 각종 지하철 사고가 발생했을 때 신속하게 처리해야 하는 업무를 맡고 있습니다.
	구체적인 상황	출근시간대인 오전 8시경 마포구 지하철 2호선 홍대입구역에 정차해 있던 신촌역 방면 열차에서 주회로가 차단되는 고장이 발생해 '펑' 소리가 나면서 실내 전등이 약 2분간 꺼졌습니다.
문제	문제상황 해결을 위한 기본지식	주회로가 차단되는 고장이 발생한 원인에 대해 설명하시오.
	문제상황 해결을 위한 추가대응 방안	담당자로서 본 사고를 현장에서 긴급히 처리하는 프로세스를 밝히고, 보수완료 후 사후 조치가 필요한 부분은 무엇입니까? 그리고 재발방지 방안에 대해 설명하시오.

직무수행능력 평가는 상황을 제시하고 해결책을 요구하는 상황 면접 위주가 많습니다. 전문 기술을 가지고 있는지 묻는 형태입니다. 어떤 상황이 벌어지더라도 준비만 제대로 되어 있다면 답변은 그리 어렵지 않을 겁니다. 입사 후 벌어질 수 있는 상황에 대한 대처 능력에 미리 관심을 가져두면 좋습니다.

다음은 직무수행능력을 평가하기 위한 면접 질문 유형입니다.

〈 대인관계능력 1 〉

주요질문	고객이 주문한 제품을 1개월 뒤에 납품해야 하는 상황입니다. 지원자는 관리직 직원입니다. 그런데 노조에서는 파업을 계획하고 있어 회사 측과 대립이 심합니다. 이 사태를 어떻게 수습하고 제품을 납품하시겠습니까?

세부질문	1. (상황) 이 상황의 핵심 이슈는 무엇입니까? 2. (역할) 역할을 잘 수행하기 위해 고려할 점은 무엇입니까? 왜 그렇게 생각하십니까? 3. (행동) 구성원들의 설득을 위해 어떤 노력을 기울였습니까? 4. (결과) 결과와 교훈은 무엇입니까?

문제의도	• 유관부서와 이해관계에 대한 명확한 인식 • 발생 가능한 갈등 요인에 대한 정확한 분석 및 대응책 여부 • 의사소통을 위한 상호 간 노력의 정도

평가	좋은 평가를 받을 수 있는 요인 • 다른 지원자와 차별화된 행동과 경험이 있는가? • 지원 직무에 대한 적극적인 노력이 있는가? • 지원 직무에 대한 실천적인 경험이 있는가?

〈 대인관계능력 2 〉

주요질문	당신은 A회사의 팀원으로 발령받았습니다. 그런데 그 회사는 팀원끼리 불신이 상당하고, 서로 대화도 하지 않습니다. 팀 업무 중 마감기한이 얼마 남지 않은 프로젝트를 수행해야 하는데 어떻게 해야 할까요?

세부질문	1. 그와 같은 행동 이유는 무엇입니까? 2. 가장 중요하게 고려한 요소는 무엇입니까? 3. 팀 프로젝트 해결을 위해 가장 중요한 요소는 무엇이라고 생각하십니까? 4. 갈등을 해결하기 위해 어떤 방법을 사용할 수 있습니까?

문제의도	• 팀 구성원들의 단결을 위한 리더십 발휘 • 긍정적인 조직문화 구축을 위한 노력 • 팀워크 능력을 통한 높은 성과 달성 가능 판단

평가	좋은 평가를 받을 수 있는 요인 • 다른 지원자와 차별화된 판단 • 직무에 대한 책임감의 정도 • 조직문화에 대한 근본적인 이해도

〈 의사소통능력 〉

주요질문	회사 내에는 다양한 종류의 공문서가 있습니다. 공문서를 효율적으로 보관하고, 쉽게 찾을 수 있는 방법에 대해 말해주세요.

▼

세부질문	1. 그와 같은 행동 이유는 무엇입니까? 2. 가장 중요하게 고려한 요소는 무엇입니까? 3. 공문서를 효율적으로 정리하는 방법은 무엇이라고 생각하십니까? 4. 정보를 쉽게 검색하거나, 취득한 정보를 쉽게 찾기 위해 정보를 관리한 경험이 있습니까?

▼

문제의도	• 문서관리 능력 파악 • 전문지식 습득 여부 파악 • 사무행정에 대한 실무 경험 판단

▼

평가	좋은 평가를 받을 수 있는 요인 • 다른 지원자와 차별화된 경험 및 판단 • 직무에 대한 책임감의 정도 • 문서관리에 대한 전문 지식

〈 문제해결능력 〉

주요질문	회사 행사 이후 정리 과정에서 임대장소 기물이 파손됐다. 기물 파손 시 당연히 수리를 해줘야 하는데 이를 어떻게 처리하겠는가?

▼

세부질문	1. 추가예산으로 파손 비용을 계산할 수 있는데, 배정되지 않으면 어떻게 하실 생각입니까? 2. 가장 중요하게 고려한 요소는 무엇입니까?

▼

문제의도	• 행사지원관리 능력 파악 • 상황에 따른 효율적인 대처 능력 파악 • 직업윤리에 대한 지원자의 성향 파악

▼

평가	좋은 평가를 받을 수 있는 요인 • 다른 지원자와 차별화된 경험 및 판단 • 직무에 대한 책임감의 정도 • 행사지원관리에 대한 전문 지식

〈 조직이해능력 〉

주요질문	우리 기업과 경쟁 관계에 있다고 생각되는 조직은 어디라고 생각하십니까?

▼

세부질문	1. 그 이유는 무엇이라고 생각하십니까? 2. 경쟁관계에 대한 정의는? 3. 경쟁자를 이기기 위한 구체적인 전략 방안은?

▼

문제의도	• 지원 직무에 대한 전문지식을 과거의 경험행동을 통해 확인 • 지원 직무에 대한 업무 역량을 구체적으로 확인 • 지원 직무에 대한 준비 정도를 확인

▼

평가	좋은 평가를 받을 수 있는 요인 • 다른 지원자와 차별화된 행동과 경험이 있는가? • 지원 직무에 대한 적극적인 노력이 있는가? • 지원 직무에 대한 실천적인 경험이 있는가?

상황면접 질문 및 평가지

경영관리직무

지원분야		지원자		면접관		(인)

계획력
- 일의 절차, 방법, 규모, 일정을 어떻게 추진해나갈지를 구체적으로 계획한다.

질문

주질문
당신은 재무관리 담당자입니다. 현재 당신의 책임 하에 5억의 회사 자금을 사용할 수 있습니다. 해당자금은 구성원들의 경력개발, 사무기기 및 전산시스템 교체, 해당 자금의 재투자를 통한 수익 창출 등 한 가지 항목에만 사용할 수 있습니다. 당신은 어느 항목에 사용하겠습니까?

세부질문
[상황 및 과제] 이상황의 핵심적인 이슈는 무엇이라고 생각합니까?
[역할] 당신의 역할을 더 잘 수행하기 위해서는 어떤 점을 고려해야 하겠습니까? 왜 그렇게 생각합니까?
[행동] 당면한 과제를 해결하기 위해서 구체적으로 어떤 조치를 취하겠습니까? 그 이유는 무엇입니까?
[결과] 그 결과는 어떻게 될 것이라고 생각합니까? 이 이유는 무엇입니까?

기대행동	평점
· 활용 가능한 인적/물적 자원을 탐색하고, 이를 확보할 수 있는 방안을 수립한다.	① ② ③ ④ ⑤
· 목표달성을 위한 세부과제들의 우선순위에 따라 구체적인 일정 계획을 수립한다.	① ② ③ ④ ⑤
· 사전에 장애요소를 파악하고, 이에 대한 대응 전력을 마련한다.	① ② ③ ④ ⑤

* 척도해설

① 매우 미흡한 수준	② 미흡한 수준	③ 보통 수준	④ 우수한 수준	⑤ 매우 우수한 수준
기대행동이 전혀 관찰되지 않음	기대행동이 거의 관찰되지 않음	기대행동이 약간 관찰됨	기대행동이 상당히 관찰됨	기대행동이 완벽하게 관찰됨

관찰기록:

총평:

[상황면접 진행시 주의할 점]
✔ 면접 시행 전, 지원분야, 지원자명, 면접관명을 기입한다.
✔ 면접관이 주질문을 지원자에게 읽어주거나, 면접 전 지면으로 주질문을 제시하여 답변을 준비하도록 하여 지원자가 답변할 수 있도록 한다. 주질문은 해당 역량이 드러날 수 있도록 제시되는 가상 상황이며, 지원자가 주어진 상황에 대한 답변을 하도록 한다.
✔ 지원자의 답변에 맞게 역량 정의와 기대행동을 고려한 세부질문을 진행한다. 기대행동은 평가의 기준이며, 세부질문은 해당 역량을 평가하기 위한 구체적인 지원자의 경험을 듣기 위한 질문이다.
✔ 질문을 하면서 지원자의 답변 내용 중 평가요소와 관련해 가점 및 감점요소를 관찰하고 기록한다.
✔ 지원자가 퇴실한 후, 기록을 토대로 최종 점수를 기입한다.

5강. 발표 면접

발표 면접은 주로 PT면접입니다. PT 면접은 사례형 질문과 지식형 질문, 일정한 주제를 주고 이를 면접위원 앞에서 발표하는 형식입니다. 찬반 입장이 분명한 것을 주제로 주고 이에 대한 의견을 발표하는 것과 보도자료 또는 신문기사 등의 형식으로 3~5장의 자료를 주고, 이를 요약하고 정리해 PT를 하는 방법이 있습니다. PT 주제는 다양한 사례 및 상황에서의 창의적인 아이디어를 요하는 유형, 사회적 이슈 등의 문제들이 나왔습니다.

면접 응시생들은 개인발표 후 면접위원들의 반대논거에 입각한 질문이 이어지므로 PT 구성 전개 시 이에 대비해 작성해야 합니다. 묻는 취지를 정확히 이해할 필요가 있으며, 해결방안에서 목차 분류를 제대로 하는 게 필요하고, 실현가능한 자기만의 대안을 제시하는 것도 좋습니다.

발표 면접은 업무 역량을 평가하는데 가장 적합한 면접 유형으로 직업기초능력과 인지적 능력을 평가합니다. 주제의 핵심을 빠르게 파악해 주어진 자료를 분석한 후, 논리적이고 간결하게 정리해 설득력 있게 발표하는 것이 중요 포인트입니다. PT발표는 어떤 주제에 대해 30분 동안 의견을 정리하고 5분 이내에 발표하는 형식도 있습니다. 공무원시험에서도 도입한 5분 발표 형식과 비슷하죠.

2015년 주택도시보증공사에서 실시한 NCS 기반 통합분야 면접 주제 샘플입니다.

"부산이 국제금융도시로 거듭날 수 있도록 적극 지원하겠습니다."

한국자산관리공사(캠코), 한국주택금융공사, 한국예탁결제원, 대한주택보증 등 금융공공기관 4곳이 문현금융단지 BIFC(부산국제금융센터)에 이전을 완료했다. 정책금융 관련 고급 인력 2,000여 명이 한꺼번에 부산으로 유입돼 본격적인 업무에 돌입했다.

금융공기업 사장단은 입을 모아 '부산의 금융중심지 발전과 지역사회와 소통, 사회공헌을 통해 부산이 국제 금융도시로 발돋움할 수 있도록 지원하겠다.'는 의지를 내비쳤다.

대한주택보증 김선규 사장은 "본격적인 부산시대 개막을 위해 지역사회와의 신속한 동반자 관계를 구축하고, 지역상생발전 촉진제 역할을 하기 위한 마스터플랜을 수립하겠다."고 밝혔다.

BIFC 이전이 완료됨에 따라 이제는 부산화가 관건이다. 이들 금융공공기관은 부산화에 대해 △공공기관 합동채용 설명회 등 지역인재 채용 확대 △각종 센터 부산 이전 검토 등 고용 증대 △지역 기업과의 연계활동 강화 △전통시장 및 취약계층에 대한 후원 사업 등 다양한 사회공헌 등을 하겠다고 밝혔다.

〈2014. 12. 16. 부산일보 기사 중 일부〉

【문제】

공공기관 지방이전 정책에 따라 대부분의 공공기관이 지방이전을 완료하였고, 이제는 지역 사회와의 상생발전이 주요 화두입니다. 본인이 이전 공공기관의 실무담당자라고 가정하고, 지역사회와 상생 및 협력을 이끌어 낼 수 있는 기획안을 자유롭게 말해보세요.

논리성과 설득력을 평가하는 개인발표(PT 면접)는 한 가지 주제에 대해 7~8분간 발표하게 한 후 7~8분간 면접이 이루어집니다. PT 양식에 맞는 서면보고서 작성요령을 먼저 아는 것이 중요합니다.

면접 2~3개월 전 특히 1개월의 신문 톱기사, 경제면과 뉴스를 세심하게 보면 큰 도움이 됩니다. PT 면접 준비를 위해서는 느낀 점을 글로 옮겨보고 거울을 보며 연습을 하는 것과 면접 스터디를 결성해 미리 준비하는 것이 중요합니다.

분량이 적당하고 자료를 눈에 띄게 꾸미고 시간에 맞추어서 발표해도 자신의 생각이 포함되지 않으면 좋은 평가를 받을 수 없습니다. 전문용어에 의존하기 보다는 자신의 의견과 함께 제시하는 것이 더욱 높은 점수를 받을 수 있는 방법입니다.

내용 못지않게 중요한 것이 발표 태도인데, 시선처리, 손동작, 목소리 톤 등 모든 면에 유의해야 합니다. 주장은 첫째, 둘째 등으로 나눠 설명하는 것이 면접위원들의 주목을 끌고, 스스로도 주장을 일목요연하게 정리할 수 있어 좋은 방법입니다. 시선은 정면 → 좌 → 우를 보면서 발표하는 것이 좋습니다.

많은 지원자 가운데 눈에 띄기 위해서는 적절한 도표와 그래프를 이용하는 것도 좋습니다. 목차를 통해 PT의 밑그림을 보여주고, 자신의 의견을 도표로 정리하거나 그래프로 만드는 것도 면접위원의 시선을 사로잡을 수 있는 방법입니다.

PT 면접은 시간제한이 있는데 대략적으로 5~7분이 주어지기 때문에 간단하고 명료하게 표현하되, 앞 뒤 말을 논리정연하게 연결시키는 언어 구사능력이 필수적으로 요구됩니다. 평상시 시간을 체크하면서 발표분량을 조절하는 연습을 하며 시간 감각을 길러야 합니다. 정해진 시간을 넘기지 않도록 시간 안배에도 주의를 기울여야 합니다. PT 면접이 불안하면 이어지는 개별면접도 힘들어 질 수 있습니다.

PT 면접에서 가장 중요한 것은 주제 선점입니다. 주제를 선점하지 않으면 소용이 없습니다. 스터디 모임 시 면접전문가가 없어서 주제 선점하는 법을 모르는 경우가 많습니다. 방법을 모를 경우 전문가에게 도움을 꼭 요청해야 합니다.

심도 있는 한 두 줄의 주제를 제시하고 짧은 준비 시간을 가진 후, 여러 면접위원 앞에서 준비한 내용을 발표하고 나머지는 질문을 받습니다. PT 면접은 면접자의 실무적 지식을 확인하는 것이죠. 면접위원들도 주로 지원부서의 팀장들이 주를 이룹니다. PT 면접은 철저한 준비가 필요합니다. 일단 PT 면접 그 자체로서 완결성을 지녀야 하며, 설득력 있는 스토리를 중심으로 전개 되어야 합니다.

주제를 선점했다면 요약하는 기술이 필요합니다. 이때 서술어는 쓰지 않도록 하세요. 요약식(개조식)으로 나열하는 것이 좋습니다. 주제 이슈를 선점하고 개념별로 요약했다면 설명으로 부가시킵니다. 시간을 못 채우는 경우가 많으니 유의하세요. 시간이 없다고 말이 빨라서는 안 됩니다. 형식적인 PT는 점수를 얻지 못합니다.

발표할 때 현황을 먼저 설명하고, 그 사안에 대한 장·단점을 말합니다. 부정적·긍정적인 입장도 설명합니다. 긍정적 입장과 부정적 입장을 자세히 밝히고, 자신이 선택한 입장에 대해 설명하는 방법을 써보세요. 마무리단계로 들어가 결론을 내려 정리하면 무난할 것입니다.

발표 면접 구성안 예시

① 요약식 구성안 예시

- 분석–해결 방안–결론
- 현황 및 문제점 파악–대안–결론(요약 또는 사후관리)
- 현황과 문제점–해결방안–계획–제안
- 현황–원인–추진과제–방안
- 도입문–현황과 문제점–대안 분석–향후 계획–건의 및 제안

【문제】 당신은 국립공원관리공단 소속으로 북한산국립공원에서 근무하는 직원입니다. 국립공원 내 유기견 문제로 골머리를 앓고 있습니다. 유기견 문제 해결방안을 이 사장님께 보고하시오.

【국립공원 내 유기견 문제 해결방안】

보고 취지 및 개요
- 국립공원 내 유기견 현황
- 유기견 발생 원인
- 유기견 문제 해결 방안

② 구체적 구성안 예시

【문제 1】 에너지 전환시대의 에너지세제개편 개선방안에 대해 발표하시오.

【OO에 대한 개선방안】

보고 취지 및 개요

1. 도입문
   - 주요 내용 요약
   - 검토배경

2. 현황과 문제점
   - 실태
   - 원인 분석
   - 현재까지 대응사례(국내 및 해외 사례)

3. 대안 분석
   - 정책 대안(기관 간 쟁점)
   - 예상 효과

4. 향후 계획
   - 집행 계획
   - 홍보 계획
   - 관리 계획

5. 건의 및 제안

【문제 2】 지방 공공기관인 모 대학 병원이 홍보 부족으로 환자들의 내원이 부족한 것은 물론 병원 이미지가 갈수록 나빠지고 있습니다. 이에 대한 대책 및 홍보방안을 마련해 과장님께 보고하시오.

【병원 홍보방안】

현황 및 문제점
- 홍보담당자가 있지만 홍보 미흡
- SNS 관리 미흡으로 부정 포스트 노출
- 건강정보 및 공지사항 등 미흡
- 보도자료 및 홍보자료도 미비
- 협력병원 및 협력기업 부족
- 의료상담 전문성 필요
- 인근 지역주민들 ○○병원에 대한 평가 파악 필요

홍보대책
- 홍보수단별로 나누어 홍보
  - 언론홍보 ⇒ 보도자료 및 각 분야별 의학 칼럼 매주 1건 이상 생산
  - SNS 홍보(트위터, 블로그, 카페), SNS 좋아요 누르기
  - 홈페이지 매달 관리(질병정보 등)
  - 고객서비스(칭찬합시다) 결과 인사고과에 반영
  - 홍보 영상, 사진 촬영
  - 구전 홍보
- 각종 홍보 이벤트 마련
  - 종합병원 승격 3주년 기념 이벤트로 주민들에게 무료의료봉사 활동 등
  - 건강강좌 실시 및 홍보

- 환자들이 병원 직원들의 친절도 직접 평가
  - 더 나은 의료서비스 제공 위해 병원평가 설문지 마련 ⇒ 친절사원 보상 확대
- 직원들의 친절 및 직무교육 실시(고용기금 활용방안 모색 등)

향후 추진 방향
- 홍보 보조자 지정(파견 근무)
  - 보도자료를 언론사에 FAX로 보내거나, 문서편집 등 기본 작업 수행
- 홍보 대행 업무 위탁
  - 매주 1~2회 병원 방문해 보도

발표 면접 평가 항목

발표면접은 일반적으로 4~5개 정도의 항목으로 평가합니다.

① 전공 및 직무 지식

전공이나 직무에 대한 기본적인 이해를 하고 있는지 파악하는 것입니다. 전공용어 개념이나 직무에서 자주 사용하는 용어의 개념과 지식을 가지고 있는지를 확인해 평가합니다.

② 사고의 논리성

사고의 논리성은 발표 자료를 잘 분석하고 목차를 효과적으로 구성했는지를 평가합니다. 분석을 먼저 잘해야 논리적인 구성을 할 수 있겠죠.

③ 발표 및 전달능력

표현의 명료성과 커뮤니케이션 역량이 중요합니다. 발표문장은 간결할수록 좋습니다. 결론을 먼저 말하고, 이에 대한 논거를 전개한 뒤 최종 결론을 다시 한 번 강조한다면 충분히 잘 전달할 수 있을 것입니다.

④ 질의응답

겸손함을 유지하는 것이 가장 좋습니다. 건방지다는 평가를 받게 되면 면접에서는 치명적인 감점이 됩니다.

⑤ 발표 태도 및 인성

발표 태도는 당당하게 밝은 표정을 짓는 것이 좋습니다. 발표 도중 실수를 했다하더라도 당황하지 말고 양해를 구하고 다시 침착하게 하는 노력이 필요합니다.

6강. 토론 면접

집단토론이란?

토론은 자신의 주장에 대해 정당한 근거를 제시함으로써 타인의 동의를 구하는 과정입니다. 토론을 통해 사회구성원들이 합의에 도달하게 됩니다. 또한 개인의 자율과 그 자율에 따른 책임을 강요할 수 있게 됩니다. 토론교육은 결과만이 아닌 과정이며, 개인보다 집단에 우선 가치를 두고, 지적인 부분만이 아니라 행동과 태도의 완성인 실천도 중요하게 생각합니다.

토론을 통해 학문적인 학습과 의사소통 능력을 개발하고 개인적인 성장을 경험하며, 이를 바탕으로 대인 관계에서도 성장할 수 있습니다. 집단의 역할이 증가하면서 공동체적 결속이 중요하게 되었습니다.

집단토론을 잘 하기 위해서는 시사상식이나 요즘 사회에서 이슈가 되고 있는 부분을 다양하게 공부해야 합니다. 많이 알고 있어야 집단토론을 잘 할 수 있기 때문이죠.

집단토론 면접은 하나의 주제를 가지고 응시자들이 토론을 통해 결론을 도출하고, 면접위원들이 그 과정을 관찰·평가하는 방법입니다. 개별 면접이나 집단 면접으로 평가하기 어려운 수험생의 능력을 종합적으로 평가하는데 가장 적절한 방법이죠.

토론 면접은 제시한 토의과제에 대한 의견수렴 과정에서 지원자의 역량은 물론 상호작용 능력을 평가하는 것이 목적입니다. 토론 주제에 대한 핵심을 잘 이끌어내는 사람이 좋은 평가를 받을 수 있습니다.

집단 토론을 잘하려면 자기주장을 내세우는 것보다 상대방의 의견을 경청할 줄 알아야 합니다. 간혹 당황한 나머지 주제 이외의 발언을 하는 경우가 있습니다. 그 발언의 내용이 토론에 적합한 발언이냐 아니냐, 토론 자체를 자연스럽게 진행시켰느냐 아니냐를 면접위원은 주의 깊게 지켜보고 있다는 것을 잊지 않아야 합니다. 면접위원들은 응시자의 발언 내용, 제스처, 경청 태도, 발언 자세 등을 종합적으로 평가합니다. 집단토론을 통해 논리력과 판단력, 표현력, 조직적응력, 창의력, 문제해결능력 등을 한꺼번에 평가하는 만큼, 꼼꼼한 준비가 필요합니다.

토론을 시작할 때 주제를 공개한 뒤 수험생들에게 의견을 정리할 시간을 줍니다. 토론 주제는 사회이슈 또는 현재 시행되는 정책에 대해 묻거나, 지방 공공기관의 경우 지역의 특성을 고려한 주제가 자주 출제됩니다. 특히 공공기관이 전부 지방으로 옮겼기 때문에 그 지역의 특성을 잘 파악하는 것도 면접 준비에 도움이 될 것입니다.

채용기업과 관련된 사항이나 지역의 특성에 대해 묻는 질문이 많기 때문에 가급적 해당 주제에 대한 사전지식이 있는 것이 유리합니다. 토론 준비시간이 짧기 때문에 면접 준비 과정에서 해당 직무와 관련된 내용이나 지역 쟁점에 대해 미리 공부하면 좋습니다.

토론 방식

토론방식은 보통 취준생에게 사회자 등의 역할이 주어지는 방식과 별도의 역할이 주어지지 않는 방식으로 나뉩니다. 집단토론이 처음으로 도입됐을 때는 7명이나 9명 등 홀수로 조를 편성한 뒤 그 중 한 명이 사회자 역할을 담당하도록 했습니다. 그러나 최근에는 사회자 없이 찬성이나 반대 중 어느 한 편에서 자유스럽게 토론하는 방식으로 진행되고 있습니다.

① 유형별 분류

유 형	내 용
찬반형	지원자들이 특정이슈에 대해 찬성 또는 반대의 입장을 선택한 뒤 자신의 입장이 타당함을 주장하거나, 다른 지원자들과 토론해 찬반을 결정하는 과제
분석형	지원자가 주어진 상황을 고려해 몇 가지 가능한 대안들 중 특정의 대안을 선택한 후, 자신의 선택이 타당함을 다른 지원자들에게 주장하거나 토론해 하나의 대안을 결정하는 과제
아이디어형	주어진 상황과 환경 속에서 해당 주제에 대한 다양한 아이디어를 주장하거나, 다른 지원자들과 토론해 하나의 아이디어를 결정하는 과제
문제해결형	주어진 상황과 정보들을 분석해 적합한 대안 및 구체적 실행방안을 주장하거나 다른 지원자들과 토론해 최종 해결안을 개발하는 과제

② 역할별 분류

방식	내용	
리더 없는 토론 방식	■ 개인에게 특정 역할 부여	• 참가자 1 : 홍보팀장 • 참가자 2 : 영업팀장 • 참가자 3 : 판매사원 • 참가자 4 : 인턴
	■ 그룹으로 구분해 역할 부여	• 찬성팀 vs 반대팀 • 1팀 vs 2팀 vs 3팀
	■ 정해진 역할 없이 동등한 입장에서 자료를 바탕으로 토의	
리더 있는 토론 방식	■ 의장 역할의 리더	• 토론에 참여해 전체 회의를 이끌고 결론을 도출하는 의장 중심의 토론
	■ 사회자 역할의 리더	• 전체 회의에 영향을 미치거나 의사결정에 관여하지 않고 단순히 토론 진행자의 역할 수행
	■ 토론자 중 리더를 결정	• 처음에는 리더 없이 회의를 진행하다, 토론자 중 자연스럽게 리더를 결정해 회의 진행

③ 주제별 분류

주제 유형	내용
시사형	시사문제를 다루며, 찬반 형식으로 토론을 진행합니다. 상대를 폄하하는 것보다 논리적으로 설득하는 것이 중요합니다.
협상형	주어진 자료 분석을 통해 상대를 설득하거나 대안을 제시하는 형태입니다. 다른 지원자의 주장을 잘 듣고 이에 대한 대안 중심으로 풀어나가면 좋은 점수를 받을 수 있습니다.
업무 관련	업무에서 일어날 수 있는 바탕으로 아이디어를 제시하거나 문제를 해결하는 방향으로 진행됩니다. 아이디어가 현실과 동떨어져 있으면 안 됩니다. 아이디어 수준이라도 단계적 실현방안을 제시하는 것이 좋습니다.

【문제】 탈(脫)원전 정책에 대한 찬반 논쟁이 뜨겁습니다. 찬성 측에서는 불의의 사고를 대비하기 위해 탈원전을 추진해야한다는 입장이고, 탈(脫)원전 반대 측에서는 원전은 가장 경제적인 에너지원이기 때문에 원전 정책을 고수해야 한다는 입장을 보이고 있습니다. 아래 찬성과 반대 의견을 참조하시고, 찬·반 입장을 논리적으로 정리해 상대방을 설득하시기 바랍니다.

찬성	반대
• 지진 등 불의의 사고가 발생했을 때 최악의 인명피해 우려 • 국민들은 안전한 나라를 원하고 있음 • 신재생에너지의 경제성이 높아지면서 탈원전이 경제적	• 안전성에 문제가 있다고 주장하는 것은 과장된 의견 • 가장 경제적인 에너지 • 대체에너지의 연료 효율성에 문제 있음

잘한 사례와 못한 사례

① 잘하는 방법

- 결론부터 말하고 부연 설명을 덧붙이세요.
- 독선적인 발언은 삼가고 자신의 발언이 정답이라고 과도하게 우기지 마세요.
- 토론의 주제가 복잡하면 중요사항부터 언급하세요.
- 독창적인 시각을 제시하세요.
- 남의 의견을 들을 때는 눈을 맞추고 진지하게 들으세요.
- 현실성 있는 대안을 제시하세요.

② 못한 사례

- 서술형으로 장황하게 설명을 늘어놓습니다.
- 주관적 감정을 토대로 얘기를 합니다.
- 다른 이와 대립적인 견해에 놓였을 때 끝까지 본인의 발언을 정답으로 밀어부칩니다.
- 본인의 의견이 없이 다른 이의 의견에 동감한다고 말합니다.
- 잘 알지 못하는 전문적인 주제일 경우 침묵으로 일관합니다.
- 전문적인 용어와 영어를 남발하며 아는 척을 합니다.
- 인신공격적인 발언을 합니다.
- 남이 발언할 때 말을 끊습니다.
- 교과서적인 답변만 얘기합니다.

면접위원은 수험생의 적극성, 분석능력, 조직융화력, 타인에 대한 배려심, 리더십, 협동심 등을 평가합니다.

주요 평가 부분

면접위원들이 중요하게 생각하는 평가부분은 다음과 같습니다.

① 토론 주제에 대한 명확한 이해

먼저 주제에 대한 명확한 이해가 우선해야 합니다. 토론에 앞서 어느 정도 생각할 시간을 줍니다. 어떻게 논리를 전개할 것인가 구상합니다. 제대로 구상하지 않고 주먹구구식으로 말한다면, 논리성이 없다는 지적을 받을 가능성이 큽니다. 찬반 토론일 경우 찬성과 반대의 입장을 어느 정도 정리하고 있어야 합니다. 두리뭉실하게 양비론을 펴거나 찬성도 반대도 아닌 어중간한 입장을 말하면 오히려 감점이 될 수 있습니다. 소신이 없다고 생각할 수 있기 때문이죠. 그러나 너무 한쪽 방향으로 입장을 표명하는 것도 좋지 않습니다. 독선적인 사람이라는 평가를 받을 수 있기 때문이죠. 또 토론주제에서 벗어나는 일은 없어야 합니다.

② 조정 능력

집단 면접에서 자기주장을 잘 하는 것도 좋지만, 토론이 진행되면서 논쟁을 어떻게 조정할 것인가의 조정능력도 중요합니다. 지나치게 다른 토론자를 공격하는 것도 좋지 않습니다. 자신의 주장을 관철시키기 위해 토론이 아니라 논쟁으로 이끌어 가면 곤란합니다. 토론 시 어느 주장이 논리적이고 타당하냐가 아니라 결론에 이르기까지의 과정을 누가 어떻게 중재하느냐가 더 중요합니다. 팽팽하게 맞서는 의견들을 조정해 가는 리더십을 가진 사람이 높은 점수를 받습니다. 양쪽이 맞설 때 한 편에 동조하거나 가만히 있는 것보다는 "당신들도 맞지만 제3의 의견으로 이런 것도 있으니 조정해 보자."라는 식으로 접근하는 것이 좋습니다. 면접위원들은 토론의 결과에는 크게 신경 쓰지 않으므로 논리적 비약을 만들어 가면서까지 주장을 관철시킬 필요는 없습니다.

③ 참신한 논리

취준생들 대부분은 일반적 논리로 접근하고 주장합니다. 외운 듯 천편일률적이고 단편적으로 대답하는 경우가 많습니다. 좀 더 참신한 논리로 주장하면 면접위원은 그 사람을 눈여겨 볼 것입니다. 현안을 돌려서 생각해 보고 깊이 고민해 보는 연습이 필요합니다. 평소에 책을 많이 읽거나 신문 사설과 칼럼 등을 많이 보면서 실력을 쌓아두는 것이 좋습니다. 그러나 참신하다고 해서 황당한 논리를 주장하면 곤란합니다. 오히려 역효과가 날 수 있습니다. 집단 토론에서는 말 잘하는 사람을 채용하는 것이 아니라, 얼마나 참신한 논리로 상대방을 설득시킬 수 있는 사람을 뽑는 것입니다.

④ 명확한 의사 표현

자신의 의견을 명확하게 밝혀야 합니다. 이를 위해서는 결론부터 간단하게 말한 뒤 부연 설명을 붙이는 논리 전개가 좋습니다. 상황에 따라 가장 먼저 자신의 입장을 밝히면 면접위원들의 눈에 띌 수 있습니다. 면접위원들은 면접 동안 아무 말 없이 지원자들을 바라보죠. 남의 의견을 누르려 들거나 조용히 남의 의견을 듣기만 하면, 면접위원들은 그 사람을 독선적이거나 소극적으로 볼 가능성이 큽니다.

블라인드 면접 종합평가결과(예시)

- 문항별로 면접위원 평가 후 해당 개수 입력 뒤 배점과 개수를 곱해 종합평가
- 기업에서 평가하고자 하는 영역의 가중치를 별도 부여해 활용 가능(직업기초능력은 100점 만점에 30점, 직무수행능력은 100점 만점에 70점으로 가정했습니다)

구분	평가능력	점수					비고
		5	4	3	2	1	
		매우 그렇다	그렇다	보통이다	그렇지 못하다	전혀 그렇지 못하다	
직무 수행 능력	논리성						70점
	추진력						
	· · ·						
직업 기초 능력	의사소통 능력						30점
	문제해결 능력						
	· · ·						
종합 평가	의견						총점

• ㈜포스테크 면접 평가표(신입/경력)입니다.

면접응시자		연령		희망 연봉		거주지 및 출퇴근 시간	

본 평가에 있어 면접관 본인은 면접응시자에 대해 주관을 배제하고 평가함을 밝힙니다. 또한 평가자료, 평가 후 평가결과에 대해 외부로 그 내용을 절대 누설하지 않을 것을 서약합니다.   면접관   (서명)

평가항목				Level 1	2	3	4	5	특이 사항
인물 평가 질문 및 평가 의견	자기 소개 (10점)	자기표현	지원자 본인 소개와 당시 지망동기를 말씀해주시기 바랍니다.						
		자기분석	지원자 개인의 성격 장단점을 말씀해주시기 바랍니다.						
			소계						
		채점 참고 – 하나의 문장으로 질문하여도 되며 면접응시자의 답변 중 두가지 답변을 유도해 각각 채점합니다.							면접관 소견
	공통 역량 (50점)	문항번호	응답내용 및 요약						
			소계						
	인성 (40점)	개인평가							
		집단토론							
			소계						
		채점참고–경력 지원자는 직무수행을 중심으로 신입직원은 학교활동을 중심으로 질문을 해 각 역량 수준을 채점합니다.							
	기타 면접관 질문 사항 (10점)	자유질문							
		자유질문							
			소계						
합계									
면접관 종합의견									

출처 : 한국산업인력공단(2015), 컨설팅 사업 안내 자료집.

취업 전략

면접 때 시사적인 이슈를 얼마나 잘 알고 있고, 이해하느냐가 중요합니다. 특정이슈에 관해서 다양한 사설을 읽으면 면접에 도움이 됩니다. 각 언론사마다 사설방향이 다릅니다. 예를 들어 보수 성향 언론사는 보수적인 관점에서, 진보성향 언론사는 진보적 관점에서 사물과 현상을 바라보기 때문에 다양한 시각을 기르는 데 사설처럼 좋은 것이 없습니다.

같은 분야 취업 준비를 하는 사람들과 스터디를 꾸려 같이 공부하는 것도 큰 도움이 됩니다. 면접은 자기소개서를 기반으로 준비하고, 채용기업의 현황부터 관련 기사까지 꼼꼼히 검색해 보세요. 또 향후에 회사에 기여할 부분이 무엇인지 철저히 준비하고 가세요. 채용기업에 대해 철저히 분석하는 것이 좋습니다.

【 면접 전에 꼭 수집할 정보 】

- 면접 전 1개월의 일간신문 1면과 헤드라인 기사
- 최근 이슈가 되고 있는 사회문제
- 전공 및 직렬과 관계되는 시사경제문제
- 자기소개서에 쓴 내용 확인

취준생이 지치지 않았으면 좋겠습니다. 절망이 도전을 어렵게 만듭니다. 지치는 순간 포기하게 되고 그러면 희망이 없습니다. 희망을 품고 지속적으로 노력한다면 반드시 취업은 다가옵니다. 자신이 마음먹은 만큼 아무리 힘들어도 끝까지 준비하면 반드시 좋은 결과가 찾아옵니다.

당신의 꿈에서 가장 중요한 것은 끝까지 포기하지 않는 것입니다. 고민과 불안한 현실 속에서 힘들어 한다면, 항상 당신의 꿈을 스스로 다시 다짐하세요. 당신의 꿈은 한 발짝 더 나가 있을 것입니다.

취준생 여러분! 모두 파이팅입니다.

〈참고문헌〉

고용노동부 · 한국산업인력공단(2016), 『NCS 기반 능력중심채용 가이드북』.

김연욱 · 백형배(2016), 『합격을 부르는 공무원 면접』, 박문각.

방영황 · 박세용(2015), 『하우투 NCS 자소서&면접』, 에듀윌.

손세훈(2015), 『NCS 기반 좋은 사례로 알아보는 자기소개서 쓰기』, 윌비스.

송하식(2016), 『NCS 사용설명서』, 광문각.

에듀스 부설연구소(2015), 『스펙을 이기는 NCS 자기소개서』, 에듀스.

오성환(2016), 『NCS 성공면접 · 자소서 작성』, 서울고시각.

이병철(2015), 『NCS 기반 능력중심 취업 가이드북』, 에듀크라운.

이시한(2016), 『뇌섹남 이시한의 NCS 자소서』, 새로운 제안.

이영희 외(2015), 『능력중심사회 NCS 기반 취업전략』, 정민사.

이우곤(2016), 『표준 NCS 취업전략』, 지식과 미래.

조민혁 · 위포트연구소(2016), 『합격을 부르는 NCS 자소서 작성법』, 위포트.

한국산업인력공단(2011), 『국가직무능력표준 개발 매뉴얼』.

한국표준협회 NCS연구회(2015), 『NCS 합격설명서』, 박문각.

황현빈 · 위포트연구소(2015), 『한 권으로 끝내는 NCS』, 위포트.

〈주요 참고 사이트〉

NCS 능력중심채용 홈페이지(http://onspec.ncs.go.kr)

국가직무능력표준(NCS) 홈페이지(http://www.ncs.go.kr)

알리오 홈페이지(http://www.alio.go.kr)

잡-알리오 홈페이지(https://job.alio.go.kr)

한국산업인력공단(http://www.hrdkorea.or.kr)

블라인드 채용 대비 취업전략
(공기업 · 공공기관 · 대기업 자기소개서 작성, 면접 요령)

초판인쇄_ 2017년 12월 15일
초판발행_ 2018년 01월 01일

지은이_ 김연욱
디자인_ 디자인에스
펴낸곳_ 마루기획
펴낸이_ 박혜은
신고번호_ 제307-2014-65호
주소_ 파주시 청석로 262 이지타운 205호
주문 팩스_ 02-6969-9428
이메일_ marubang2013@naver.com

ISBN 979-11-950503-4-5   정가 17,000원